小浜逸郎

死にたくないが、生きたくもない。

GS
幻冬舎新書
006

死にたくないが、生きたくもない。*目次

第二章　年寄りは年寄りらしく 59

第三章　老いてなおしたたかな女たち　128

序章　あと二十年も生きなくてはならない

「命長ければ辱多し」

人生八十年時代と言われてから久しい。日本は、ここ十一年間、最長寿国の「名誉ある地位」をキープしているそうである。

昔に比べると二十年くらい寿命が延びたことになるから、六十歳になっても老人とは見なされない。かつて五十五歳だった定年は、いま六十歳となり、さらに六十五歳まで延長される趨《すう》勢《せい》もある。またいったん定年退職しても、再雇用のかたちで熟年労働力を確保する企業が多い。

こうした社会の流れは、「老い」というものに対する私たちの意識を大きく変えるかに見える。じっさい、いま六十代前半くらいの日本人で、「まだまだ働ける」「もっと働きたい」「これからも働かないわけにはいかない」と思っている人は相当の割合に上る。また、経済的な必要から解放された人の場合、ボランティア活動や趣味の活動に精力的に乗り出すというケースもたくさんあるだろう。

「生涯現役」とか「新老人」とか「いつまでも元気で枯れない」といった言葉がもてはやされ、

アンチエイジング熱も高まっている。つまりは、寿命が延びたのだから、「老い」の問題はそのぶん、これまでよりも先に延ばされて当然である、という認識が共有されているわけだ。

だが、私の個人的な実感は、これとは微妙に違っている。何か大切なことが見落とされているのだ。そのことをみんなで見ないように自己催眠をかけて、むしろ、「老い」が先に延ばされて当然という認識をいっしょうけんめい共有したがっているのではないか。

『徒然草』に、次のような有名なくだりがある。

住み果てぬ世に、みにくき姿を待ちえて何かはせん。命長ければ辱《はじ》多し。長くとも、四十《よそじ》に足らぬほどにて死なんこそ、めやすかるべけれ。

そのほど過ぎぬれば、かたちを恥づる心もなく、人に出で交らはん事を思ひ、夕《ゆうべ》の陽に子孫を愛して、さかゆく末を見んまでの命をあらまし、ひたすら世をむさぼる心のみ深く、もののあはれも知らずなりゆくなん、あさましき。(第七段)

《住み通すことのできないこの世で長生きして、醜い姿になるまで生き延びたところで、何になろうか。命が長ければ長いほど恥をさらすことになる。長くても四十歳に満たないころ死ぬのが、ほどよいタイミングである。その年輩を越してしまうと、容貌を恥じる心もなくなって、やたらと世間の人々と交わりたがるようになる。そして、傾きかけた夕日のように余命幾ばくもない年をしていながら、子や孫をかわいがり、その将来が栄えることを期待してそれを見届けようと長命を望み、ひたすら世間的な名誉や利益をむさぼる心だけが深くなっていき、もののあわれも感じ取ることができなくなってしまう。これは、まことに情けないことだ……》

現代では、「めやすかるべけれ」の年齢は、さしずめ四十歳プラス二十年で、六十歳というところであろう。七十歳では少し長すぎて、兼好の言わんとするところがうまく伝わらない。

兼好自身は七十歳近くまで生きたらしい。当時としてはかなり長命だったようだ。つまり、「四十に足らぬほどにて死なんこそ、めやすかるべけれ」は叶《かな》わなかったことになる。そして、私たちの多くにとってもまた、「めやすかるべけれ」がなかなか叶いそうもない。

枯れきることが許されない

兼好の生きた時代と違って、いまは、仏教的な諦観《ていかん》が支配している時代ではない。個人の生命の尊重が声高に謳《うた》われ、健康で長生きすることが無条件に寿《ことほ》ぐべきこととされている。「もののあはれ」も何のその、いつまでも明るく元気でという声がかまびすしい。

しかし、いくら平均寿命が延びても、「老い」そのものは、ある年齢になると確実にやってくる。そして、その年齢は、平均寿命六十歳くらいだった何十年か昔と比べてそんなに変わらないのではないか。

私たちは、「いつまでも枯れない」のではない。ほんとうは枯れかけているのに、その後もだらだらと生きてしまうので、「枯れきることが許されない」だけなのだ。

もちろん、個人差が大きいことを否定しない。しかし、「老い」がはっきりと訪れてくる年齢帯は、平均的に見てだいたい五十代後半から六十歳あたりに集中する。

私のこの判断は、自分自身を見つめたり、周囲を見渡してみると、どうもそんなに間違っていないという気がするのである。

五十代後半は、一つの山場である。私の知人縁者で同年齢の人が、ここ二、三年のうちにガンなどで、ばたばたと亡くなっている。つい最近も、たまたまわずか一週間ほどの間に、高校の同期生、以前かかわったことのある某テレビ局のプロデューサー、友人の奥さん（私と同年齢）と、一挙に三人の訃報《ふほう》に接することになった。

少し自分自身および、自分の周辺のことを語ってみよう。

私は今年五十九になる。いわゆる団塊の世代である。ここ二、三年、「老い」ということを急速に実感するようになった。先日、私より数年年輩の人から、「まだあなたなど、老いの実感などないでしょう」と言われたが、私は思わず「いやいやとんでもない、それはとてもありますよ」と答えていた。

そのとき、具体的に語ったことは、まあ、ふつうに言われる「老い」の兆候である。

まず肉体的な老いの兆候。

糖尿病でインシュリンの注射が欠かせない。もともと歯槽膿漏《しそうのうろう》で歯茎を全部やられているために、差し歯と入れ歯だらけである。五十肩で、左腕が九十度くらいまでしか上がらない。朝起きたときにしばしば腰の痛みが残る。脚の筋力が弱っているうえに体のバランスが悪くなって、歩いていてもふらつく。階段や坂を上るとすぐ息が上がってしまう。

そして精神的な老いの兆候。

物忘れがひどくなった。固有名詞が出てこない。新しい本などを読んで勉強してみても、中身が頭に残らない。物事に対して新鮮な感動を得られなくなっている。新しい物事に取り組もうとする意欲が低下している。仕事や勉強に集中力が続かない、等々。

「小指状態」か、まだ現役か

先日、大学同期の集まりがあった。全体としていまいち盛り上がりに欠けた。もちろん若い者のように飲んでバカ騒ぎなどしないが、盛り上がりに欠けるというのは、そういう意味ではない。

一人一人が近況を語るのだが、そこに、これから何をしていくかという抱負や野望のたぐいを表現する言葉がほとんど見られなかったのが第一点。みんな、過去から現在までを語る言葉しか持っていないんだなあと思った。そして、それは当然かもしれないと、じんわり身に沁《し》みた。

二点目に、これも当たり前だが、私自身も含めて、かつてけっこうぎらぎらしていた者がみな、いまではただの温厚な、いくぶん疲れたオヤジでしかないという印象だったこと。例外的に元気で饒舌《じょうぜつ》な者もいたが、それも何となく無理に景気づけをしているという感が否めなかった。

じつはそのほかに、男性の場合、性的な能力の問題が大きい。下半身のほうがだんだん怪しくなってくるのである。「老い」や「死」について書かれたものは多いが、性的な問題に触れたものは少ない。しかし性的なことも問題にしなければ、「老い」について総合的に考えることにはならない。

私と同年の飲み友だちで、酒席が煮詰まってくると、必ずと言っていいほど片手の五本指を大きく広げて縦に突きだし、親指を上に、小指を下に向けながら、十代から五十代までの「角度」を示す人がいる。これはかつて女性週刊誌か何かで、そのほうの年齢別能力を示す指標として掲載されたものだ。そして自分はもうこの小指の状態だというのである。数年前からそれを繰り返している。

もっとも、七、八十歳現役などという話もよく聞くから、この領域はことに個人差が大きいようだ。

最近会った別の同年の知人は、すこぶる元気だとうそぶいていた。青山の「ブルーノート」に女の子とジャズの生演奏を聴きに行き、そのあとジャズのノリでアオカンしちゃったというのである。その子とはその後？　と聞いたら、「もちろん別れたよ」と刹那的《せつなてき》な快楽主義の実践ぶりを得々とご披露。まあ、勝手にやってくれ。たかだかここ数年が花かもしれないぞ。

それはさておき、男性の性的不能の問題は、人間論的に見てとても興味深いテーマである。後に、女性の老いの問題と比較しながら別途考えてみたい。

せめてなるべく不幸せでなく

ともかく、私自身および、私の周辺の同世代では、必ずしも外的な指標として明確には表れなくとも、「老い」は内側からひたひたと押し寄せている。五十代後半くらいからその兆候はにわかに顕著になる。これは昔とあまり変わっていない。

問題なのは、ほんとうは枯れ始めて疲れてきているのに、あと二十年も生きなくてはならないという点である。

じっさいに二十年生きるかどうかではない。数カ月後にあっさり死んでしまう人もいるだろう。ただ、だれもがあと二十年くらいは生きますよと信じ込まされているので、その「信」に沿ってこれからの「長い老い」のプロセスを展望しなくてはならないところが厄介なのだ。

プロセスが長ければ、その全行程を「幸せ」のイメージで塗りつぶして思い描くことはそれだけ難しくなる。せめてなるべく不幸せではないかたちで老いていくにはどうすればよいか。だれもが考えあぐねてしまうはずだ。

「何をして生きていこうかなあ」

「働くにしても時代のスピードについていくのはたいへんだなあ」

「貯金も少ないし、ローンも残っているし、年金もどうなるかわからないし、経済不安はそう簡単に解消されないなあ」

「心ときめくこともあんまりなさそうだなあ」

「連れ合いとずっと過ごすのも何だかウンザリだなあ、でも簡単に別れるわけにもいかないしなあ」……。

まあ、人によって思惑はいろいろだろう。

とりあえず「老い」なるものの正体と意味するところとをよく見届けるべきだと思う。何しろ、二十年かけて間延びしながら老いていくのである。こいつをどう迎え入れ、こいつとどうつきあうかをシミュレートしておく必要がある。

第一章 「生涯現役」のマヤカシ

六十歳は不変の節目

かわいかった犬も人間も年をとれば

私の家で昔、小さな犬を飼っていた。きわめて活発で利発なやつで、名前を呼ぶとすぐにぴょんぴょん跳んできた。家人が外に出かける気配をちょっとでも示すと、それだけで「連れていってくれ、連れていってくれ」と激しく前足を上げてせがんだ。留守番をさせておいて外出先から帰ってくると、大して長い時間でもないのに、その大げさな喜びようといったらなかった。狂ったようにしっぽを振ってはすがりつき、はては何度も部屋を駆けめぐるのである。

この犬は不幸にして、九歳で事故死してしまった。人間で言えば六十歳くらいだろう。その死の少し前あたりから、何となく持ち前の元気さがなくなってきた。運動不足になり太りすぎて、片方の後ろ足にガタがきた。じつは事故死の原因もこの老化に関係があった。

エサを与えるときや散歩に出かけるときは、すぐに応じた。ところが、からかい半分に呼んでみても、それが人間どもの慰みであると察するのか、面倒くさそうにして寄ってこないのである。ひょいと顔を上げてこちらを見はするものの、すぐにまた寝そべってしまう。「どうせ何かくれるわけじゃないじゃないか、その手には乗らないよ、バカにするな」と言っているようだった。

ああ、この犬も小さくてかわいらしいところはそんなに変わらないのに、やはり老いてきたのだなあ、と思ったものである。

老いるというのは、基本的にはそういうことである。犬も人間も、その点ではそんなに違うと思えない。

いろいろなことが面倒くさくなってくる。何かある行動をとることの意味が強く感じられなくなってくる。同時に、物事に新鮮な驚きを感じなくなるから、そのぶんだけ、怖いものや不安をかき立てるものが少なくなってくるとも言える。感情の起伏が平らかになってしまうのだ。

何をしても同じという感覚

年をとると分別がついてきたり、腹が据わってくるのはたしかである。しかしそれを裏返して言えば、世の中はどうせこんなものさという見きわめがついてくることでもある。

私たちは生理的にも知的にも、肉体的にも精神的にも自然過程として老いる。だが、むしろよく似た経験の積み重ねによる馴《な》れ、あるところを何度も何度も通ってきたという既視感のようなものが老いを準備するのである。

どこへ行っても、だれと会っても、何をしても大体おんなじさ、という感覚。それがすなわち老いたということである。

若い人にはこの感覚はけっしてわからない。もちろんわからないからよいのである。かく言う私にもわからなかった。

二十代、三十代、四十代のころ、身近なところで高齢者を見ていて、その感情の起伏の少なさ、反応や動作の鈍さ、凝り固まってしまった性格などにいらだった覚えがある。むろん頭では、この人たちは年寄りなのだから当然だなと思った。しかしその境遇はさしあたり自分のものではなかった。だから、なぜもっと前向きに生きようとしないのかなどと、その人たちのために、いらぬ親切心を起こしたこともある。

けれども自分が老いの入り口に立ってみると、はじめて見えてくるものがある。自分がなってみなくてはわからない感覚というのは、やはりある。それを若い人にわかれというのは無理である。

いま私の子どもたちは三十代はじめだが、彼らはそれぞれ独立していて、何かことがあると、ほんの時たま会って話をする。私は一応元気さを装うが、じつは彼らは、私の容貌の変化や語り口や歩き方のおぼつかなさなどに、さぞかし「オヤジも年とったな」という感慨を抱いていることと思う。しかし、老いというものを内部から理解しているわけではない。

つまり、もし私が弱音を吐いたり衰えの兆候をあらわに示せば、きっと、かつて私が年長者に対してそうであったように、イライラするにちがいない。私に、こういうことをしてみれば、とか、もっとこうしたらよいのになどと言ってくれるかもしれない。しかし、若い者の感覚で、こうできるはずだということを、私はもうする気がないのである。

もう輝かしいことなどない

だから、酷《こく》な言い方かもしれないが、老い始めた私たちの先行きには、輝かしいことはありえないだろうという覚悟をまず固めなくてはならない。輝かしさはじっと待っていればやってきてくれるものではない。そして輝きは自分の内部からは自然に遠去かる。つまり徐々に輝きを失っていくだけなのだ。

もちろん、元気者の足を引っ張ろうと思ってこのようなことを言うのではない。

何か生きがいを見つけて、そこに集中できる人はできるかぎりそれを続けるがいい。しかしそのような人の活動や表現でも、他人の目には、そこに老いの兆しが表れているのが見えることは避けがたい。だからだんだん下り坂にしかなっていかないことを潔く認めてしまったほうがよいのである。

「老いてますます盛ん」などというのはたぶんウソである。

何とか元気を維持することは可能だろう。また何かのきっかけで、沈滞していた生活気分が取り払われて、一時的に元気の波がやってくることもあるだろう。それによって一定の成果を期待することもできる。だが全体としては下降線だという現実は変わらない。

数年前、六十一、二歳になった赤瀬川原平氏が『老人力』（筑摩書房）というエッセイ集およびその続編を出して評判を博した。ここでいう「老人力」とは、老人がぼけて物忘れがひどくなることを逆説的に表現した言葉である。しかし、どうやらこれは、老人でなければ出せないパワーというように誤解されたらしい。そりゃ語感だけからすれば、だれでも誤解しますよね。

このエッセイ集は、中古カメラ片手に気ままな路上観察などを行い、その折々に出会ったこと、感じたことなどをとりとめもなく記したどうということのない本である。

ただ赤瀬川氏は、ぼけていく自然過程をそのまま素直に受け入れることを提唱していた。無理をせずにできることをやればよいというメッセージが、その飄々《ひょうひょう》とした文体とたたずまいのうちに巧まずしてにじみ出ていた。五十九歳の私も、はや、この構えに体で共感してしまうところがある。

太宰治、三十九歳の危機

太宰治の『津軽』の本編の書き出しにこうある。


「ね、なぜ旅に出るの？」

「苦しいからさ。」

「あなたの（苦しい）は、おきまりで、ちっとも信用できません。」

「正岡子規三十六、尾崎紅葉三十七、斎藤緑雨三十八、国木田独歩三十八、長塚節三十七、芥川龍之介三十六、嘉村礒多三十七。」

「それは、何のことなの？」

「あいつらの死んだとしさ。ばたばた死んでいる。おれもそろそろ、そのとしだ。作家にとって、これくらいの年齢のときが、一ばん大事で、」

「そうして、苦しいときなの？」

「何を言ってやがる。ふざけちゃいけない。お前にだって、少しは、わかっているはずだがね。もう、これ以上は言わん。言うと、気障になる。おい、おれは旅に出るよ。」

私もいい加減にとしをとったせいか、自分の気持の説明などは、気障なことのように思われて、（しかも、それはたいていありふれた文学的な虚飾なのだから）何も言いたくないのである。

これに、太宰治三十九、と付け加えてもよいかもしれない。半世紀ほど前まで、三十代後半から四十代前半は、「いい加減にとしをとった」ことになっていた。少なくとも作家にとってはそうだった。

隔世の感がある、とわざわざ言いたいのではない。太宰はことさら自分の年齢に近くして逝《い》った作家を例に挙げているが、島崎藤村や志賀直哉、武者小路実篤や谷崎潤一郎など、文学者特有の不安からは解放され、いわゆる「文豪」として安定した地位を得た作家もけっこういる。彼らは比較的長命だった。

しかしそういう人たちもまたおそらく、このあたりの年齢で「一ばん大事」な危機に直面していたのだろう。

私は作家ではないが、物書きの端くれとしてほぼキャリア二十年以上になる。いまで言えばかつての感覚にプラス二十年として、現在の自分の年齢あたりが太宰の感じていた危機意識と重なるころかもしれない。そして、これは、別に物書きのような特殊な職業に限《かぎ》らず、いろいろなキャリアを積んできたふつうの人たちにも当てはまるのではないか。

これまでやってきた何かが確実に終わった。でもまだ生きなくてはならない。どう自分をリセットしようか……。

平均余命が延びても関係ない

ところで、大作曲家の多くが短命なのはよく知られている。だが、世に「巨匠」というイメージを与えている文学者や哲学者、思想家もまた、意外に短命であることに驚かされる。太宰のひそみに倣《なら》って書き並べてみよう。

松尾芭蕉五十、井原西鶴五十一、吉田松陰二十九、森鷗外六十、夏目漱石四十九、坂口安吾四十九、三島由紀夫四十五……。

外国の場合だと、

モンテーニュ五十九、デカルト五十三、スピノザ四十四、パスカル三十九、ヘーゲル六十一、キルケゴール四十二、ニーチェ五十五（思想生命はもっと短い）、スタンダール五十九、バルザック五十一、フローベール五十八、ドストエフスキー五十九、モーパッサン四十二、プルースト五十一、カフカ四十……。

これまた、ことさらそういう短命な人ばかりを集めたのだと言われるかもしれない。また、これらのなかには、刑死や自殺や伝染病の流行による急死なども含むから、それらは特殊例として取り除くべきかもしれない。

だが、彼らの「巨匠」イメージとの乖離《かいり》は感じとっていただけるだろうか。ことに、芭蕉、西鶴、漱石、ヘーゲル、バルザック、ドストエフスキーなどは、その感が強いのではあるまいか。

私は不覚にも、ドストエフスキーは、あれほどの大作を連発したのだから、たしか六十五くらいまでは生きたのではないかと思っていた。また、漱石が作家として活躍した期間が十年あまりにすぎないことはよく知られている。ともかく、いまの団塊の世代よりも長生きした者は、ほとんどいない。

ある感慨が湧き起こってくるのを抑えることができない。それは、今も昔も五十代後半から六十くらいが、人間にとって、死と境を接した「老い」の関門にぶつかる重要な節目だということである。

昔は今より平均余命が短かったから単純に比べるべきでないという反論もあるだろう。しかし、人間が一人前の人間として、自他共に「老いたり」と感じずに社会的に活躍できる年限は、それほど変わっていないのではないか。そこには、なまなかの人為では克服できない「生理」のようなものが横たわっていると思うのである。

この、五十代後半から六十くらいを何とか乗り切ると、たぶん、そのあとはまた違った人生の境涯がおとずれてくるのだろう。その境涯が、精神的に見ていままでよりも自由闊達《かったつ》なものとなるか、ひたすらしょぼいイメージのものとなっていくかどうかは、私たちそれぞれに与えられた条件次第だということができる。

いずれにしても、私の感じでは、その条件のなかで、「いつまでも若くあろう」とする個人の意欲、自由意志といったものが関与する割合は、意外に小さい。「老い」と「死」に向かっての宿命を、私たちはここらで引き受けなくてはならない。

それでも仕事はしたほうがいい

早々にリタイアするフランス人

二〇〇二年の統計によれば、六十歳から六十四歳の男性が仕事をしている割合は、次のとおりである（産経新聞二〇〇五年一月五日付「待ったなし　人口減少時代」）。

日本　七一・二％
アメリカ　五七・六％
ドイツ　三二・〇％
フランス　一七・三％

ごらんのように、日本が格段に高い。それにしても、フランスの低さには驚かされる。

この労働力率の各国間格差については、一九九九年に出版された山田昌弘氏の『パラサイト・シングルの時代』（ちくま新書）にもほとんど同様の記載がある。これに触れたときもびっくりした覚えがある。

山田氏は、日本の高齢者労働力率の高さの要因の一つを、成人しても家を離れない「パラサイト・シングル」の存在に求めていた。親世代が六十代のころ、子どもは二十代後半から三十代前半にある。常識的に考えれば経済的に自立しているのが当然なはずである。ところがそれをせずに「パラサイト」しているため、親は働くことをやめるわけにいかないというのである。

この説には一定の説得力がある。しかし因果関係は逆だとも考えられる。国民性として「元気なうちは働きたい」という高齢者の気持ちが強くあるため、親の稼ぎを当てにする若者層が広がってしまう、というように。

因果の先後関係をめぐって争っても仕方がない。ともかく日本では親子世代間は、両方がもたれ合うような関係になっている。子どもは親の経済力を当てにしている。また、親は子どもに出ていかれるのも寂しいから、経済力があるかぎりは特に自立を強《し》いない。

この関係は、一種の情緒的な「互助会」組織のようなものである。

むしろここで興味深いのは、ヨーロッパ諸国では、どうして早々とリタイアする人がこれほど多いのかということだ。高齢者に対する社会保障制度が日本に比べて言われるほど充実しているのだろうか。そうでもあるまい。

いや、そもそも、社会保障制度が充実していさえすれば、人は働くことをそんなにやめてしまうものだろうか。

日本では、個人の金融資産高が非常に大きいこと、そしてその多くは高齢者が握っていることはよく知られている。

たとえ年金などの社会保障制度がそれほど充実していなくても、個人金融資産が多ければ、その分だけ補塡《ほてん》がきくわけだから、リタイアして余暇を楽しむ高齢者がもっと増えてもよさそうなものである。

やはりこの大きな差は、日本人の勤勉な国民性や、豊かになってから日が浅いために、たとえ貯蓄があっても簡単には不安から抜け出せない歴史的事情などにその要因を帰すべきではないか。

フランス人は、お金がそんなになくても、働くより遊ぶことのほうが好きなのだと思う。対して日本人は、相変わらず勤労の倫理を無意識のうちに大切にしているのだ。

もっとも、これはある世代までに限られるのかもしれない。私たちよりも若い世代では、しだいにこの勤勉のモラルは崩れている可能性がある。ホリエモンの登場はそれを象徴していた。

彼は「額に汗してコツコツ働く」ことの意義を真っ向から否定して、株価の操作によって富豪にのし上がった。

また、若者たちの間でのフリーターやニートの大量発生は、こつこつと地道に働くことの尊さの観念を、存在そのものによって否定しているようにも思える。

しかし、少なくとも、団塊世代以上の年齢層では、勤勉のモラルは生き残っている。ホリエモン現象に道徳的な嫌悪感情から眉をひそめたのも、中高年世代以上に集中していた。

ずっと働き続けたい日本人

ここに、東京の団塊世代二百人が「何歳まで働きたいですか」との質問に答えたアンケートがある（朝日新聞二〇〇五年一月七日付）。結果は次のとおり。

早くやめたい	一五・〇％
六十歳	一四・〇％
六十一～六十五歳	二六・五％
六十六～七十歳	一二・五％
七十一歳以上	九・五％
その他	二二・五％

二百人ではサンプル数が少なく、あまりたしかなことは言えないが、六十一歳以上になっても働きたいと答えた人の割合は、四八・五％とほぼ半数に上る。加えて「その他」は、「死ぬまで」「働けるうちはずっと」「常に何かを求めて現役でいたい」「あまりガツガツと働きたくないだけ」などによって占められるという。

「あまりガツガツと働きたくないだけ」というのも、完全なリタイアを望んでいるのではなく、無理のないかたちで働きたいと考えていることを表しているから、これを加えると、七一・〇％に及ぶ。何と先に示した高齢者の現実の労働力率とぴったり一致することになる。

日本の高齢者の勤労意欲は、やはり高水準を維持していて、変わっていないと言える。体が弱っても無理のない範囲で働き続けたいというあたりが、平均的な感覚ということになる。

たしかに景気の側面からは、小金を持った高齢者が財布の紐を締めて遊興に走らないことは、大きなマイナス要因かもしれない。

高齢者よ、もっと消費せよと煽《あお》る声もないではない。日本人は優雅に遊ぶことを知らないといって非難する向きもある。

しかし、時間があれば悠々と遊ぶことよりもやはり働くことを選んでしまうという日本人の平均的な国民性は、当分の間あまり変わらないと思う。

私は、この国民性（貧乏性と言い換えても同じだが）を、どちらかといえば多とする。少なくとも、自分個人の貧乏性とはよく合っているような気がするのだ。

欧米の高齢者のなかには、じつは、働く意欲が希薄で、かといって遊ぶための金もそんなにない、無気力な低所得者層が多いのではあるまいか。日本やアジア諸国に比べて欧米の労働者の勤労意欲が低い事実はよく指摘される。

よく知られているように、アメリカなどは、貧富の格差がきわめて大きい。いっぽうでは大型のヨットがどんどん売れるような市場がある。ところが他方では、最近ニューヨークに行ってきた知人の話によると、表通りはリッチで華やかな雰囲気なのに、一歩裏通りに入ると、ホームレスの惨状は、日本の比ではないということだった。

欧米との比較によって何かを言うなら、こういう部分をよく見ないといけない。欧米人のようにもっと余暇を大切にして遊べなどと勧告するのは、あまり優れた知恵とは思えない。

食うのに困らなくても働く理由

ところで、これから高齢者になる団塊世代の七割が何らかのかたちで「働く意欲」を持っているとして、その動機の主たるものはいったい何だろうか。

山田昌弘氏は、二十代から三十代前半の成人した子どもをまだ養育期にある存在と見て、彼らが自立しないために親世代が「働く必要がある」のだというところに有力な動機を求めていた。この分析的観点には、「人は経済的な意味で働く必要がなくなれば働かなくなるものだ」という判断が暗黙のうちに含まれている。

だが、私はそれを否定はしないまでも、少し疑う。

仮に子どもが自立して彼らを経済的にサポートする必要がなくなったとしても、日本の高齢者のこの勤労意欲の高さがさほど減ずるとは思えないのである。

日本の高齢者の現実の労働力率の高さや「働く意欲」の高さの秘密は、「働いて稼ぐ」ということに込めている「社会的な被承認欲求」の強さにある。つまり、禄《ろく》をはんでいるかぎりは、一人前の社会的な個人として認められたいという欲求である。

人から認めてもらいたいという欲求がいかに重要な意味を持っているかについて、「働くことの根源的な意義」という人間論的な観点から、少し詳しく述べてみよう。

人はなぜ働くのか。

「食うために働く」というのがまずやってくる自明な回答である。しかし、それだけでは働く意義は言い尽くせない。なぜなら、食うのに困らないはずのビル・ゲイツやタイガー・ウッズやイチローや松井なども、いまだ盛んに働いているからである。

人はパンのみにて生くるものにあらず。もし働くことをやめてしまうと、社会的な関係を失う。あるいは、他者とつながっているという感覚のうち、大きな部分をなくしてしまう。

いつの時代、どこの社会でも、自分一人の身体活動だけでその意味が完結してしまう労働というものはありえない。ある一人の労働は、その行使がただちに他人の生活に結びつき、他人にとって役立つという関係によって支えられている。私たちは、この関係のネットワークの存在をいつも想定することによって、「自分が働く」ことの意義を見出しているのである。

「稼いでいる」という誇り

私がある身体活動をする。それを社会的な関係のなかに投げ込めば、その値打ち（資本主義社会では「商品価値」）にしたがって、一定の報酬が返ってくる。

資本主義社会においては、社会的な労働の報酬は、金銭というかたちをとる。この金銭によって、私は明日の食うものを確保できる。しかしじつは金銭には、それ以外の象徴的な意味が込められている。その意義とは、「あなたの社会人としての価値はこれこれのものですよ」ということを示す指標としての意義である。

むろん金額によって、あんなに働いたのにこれっぽっちかという不満も生じれば、うまいぼろもうけをしたという感覚も生じよう。しかし、投げ入れた労働の見返りに金銭が与えられることそれ自体が、その人の社会的価値を計る尺度になっているという原理は変わらない。一定の報酬が得られることが、そのまま、その人が一定の社会的人格の持ち主であることを証明する大きな象徴的意義を持つのである。

そのことによって、私たちの内面に次のことが生じる。つまり、「私はこれだけ稼いだ」という実感が、そのつど自分のアイデンティティを支えるのである。

アイデンティティは、「誇り」と言い換えても同じである。社会から仕事の報酬というかたちで一定の評価を得ることは、社会に自分の存在意義を認めてもらったことを意味するから、そのことを通して、自分自身を肯定でき、誇りを維持することができる。他者による承認が、自己承認にそのままつながるのだ。人間は、関係によっておのれを立てる存在だからである。

もちろん、他者の承認による自己承認は、必ずしも金銭によるものばかりではない。特定の他者から愛情や感謝を持って迎えられることは、そのうちの最大のものである。だから、ボランティア活動なども社会参加による自己承認の意義を担っている。

また、話を仕事の領域に限ったとしても、ある仕事を通して形作られる人間関係そのものが自己承認につながっている側面が大きい。成果や業績を上げること、顧客や上司に喜んでもらえること、共同プロジェクトの成果をみんなで喜び合えること、など。これらもまた、目に見えない「報酬」として重要な意義を持っていることは疑いない。

しかし、自分の労働の多くの部分が不特定多数に向けての商品やサービスの生産としてなされる資本主義社会では、何といっても「報酬」の大きな部分が「金銭」という抽象的なかたちをとって現れる。そしてそこにこそ、「働く意義」が宿っている事実を否定できない。

ここで大事なのは、金銭的報酬の意義が、単にそれによって自分の腹を満たせるというところにあるだけではない点である。自分の労働によって金銭それ自体を手にすることが、自分の社会的な誇りを確認できる道にまっすぐつながっているのだ。

六十歳以後も何か仕事に就いていたいという欲求の源は、自分が社会的存在としてのアイデンティティを保っていたいというところにある。

「すれ違い」で夫婦仲を保つ

また、次のようなことも無視できない。

妻のいる男性の場合、仕事もせずに終日家の中でぶらぶら、ぼんやりしていたのでは、男として妻に対する格好がつかない、沽券《こけん》にかかわるという心理的な側面が重要な意味を持つ。外に出かけていって幾ばくかのものを稼いでくる、それがあってこそ家庭内での体面も保てるというものだ。

私のある知人は、六十歳で役所を定年退職し、その後三年ほど役所の外郭団体に勤めた。その外郭団体が、行革の流れのなかで整理されることになったので、彼は再び転職先を探し、新たに民間企業に勤務することになった。

そこで私は、「もうここらでやめて悠々自適で過ごす気はないのか」と聞いてみた。すると、それはないという返事だった。

さらに理由を尋ねてみた。まず彼は経済的な理由を挙げた。これは当然である。だが次に返ってきた答えがなかなか興味深いものだった。

彼は言った。二十四時間、妻と二人だけで顔を突き合わせているのは、お互いの精神衛生上あまりよいことではないと思える、と。ちなみに彼の妻は専業主婦で、子どもたちは親とは別居している。また、特に夫婦仲が悪いということはない。

この理由は、一見曖昧《あいまい》に感じられるが、けっこう深く納得できるところがある。永年起居を共にしてきた夫婦が、つかず離れずで、老後の心理的なバランスを保つ。ここには、濃い性愛的な親和がもはやすり切れてしまったカップルの、暗黙の知恵がはたらいている。

この理由はまた、定年後の夫を抱えた妻側の意識にもよく適合している。産経新聞のコラム「群れないニッポン」（二〇〇六年六月二十八日付）によると、「定年後、一緒に暮らしたい相手は男性は91・2％が『妻』。女性は『夫』が61・4％で、13・3％は『特にいない』」そうである。

同じ記事には次のような女性の証言も載せられている。「夫婦で一緒にダンスを楽しんでいる人もいるらしいけど、私は絶対いや。お互いに好きなことを楽しんで、何かあったら協力する。定年後は、いかに夫婦がすれ違い、顔を合わさないか。それが〝離婚しない秘訣〟だと思います」

この証言、世の中高年男性にはけっこうずしりとくるのではあるまいか。ま、ともかく毎日定刻に家を出て何か仕事をして帰宅する。そういう生活リズムがあったほうが、結局は「母ちゃんのため」なのである。

日本的「世間」の効用

社会的な存在としてのアイデンティティを保つために働く。

妻との関係を円滑にするために働く。

これらのことは、「世間」にどう見られるかという価値を大切にする日本の文化的な特質と符合している。

一日中家にいる夫が、妻の目にどう映るかということを考えるのも、一種の「世間」的な配慮に属する。一人の個人にとって、もっとも身近な他者の心理の背後にも「世間」は存在しているからだ。

社会的な人格の維持とか、社会的な誇りを保つということは、日本の場合、「世間」からまともに相手にしてもらえることを意味する。日本では、バランスのある「世間」感覚をきちんと内面に持っていること、それがすなわち社会的な人格の維持ということである。

そしてそれを実質的に果たすもっともわかりやすい方法は、社会が敷いている労働の秩序とネットワークのなかに、何らかの役割と位置を占めることである。

日本人は、宗教的敬虔さのようなタテの価値軸にはあまり忠実ではない。それよりも、「働く人々」の仲間入りをしているという、具体的な、ヨコの価値軸に身を寄り添わせる。そのことによって「世間」からの暗黙の承認を得て、そこに日々の安心を見出すという特性が強いのである。

日本には「社会」があるのではなく「世間」があるにすぎないという指摘は、これまでさんざんなされてきた。その場合、どちらかといえば、そこに古い慣習が個人を縛るあまりよくない空気を見出すのが通例だった。そういう面もたしかにある。しかし、高齢者になっても働き続けるという慣習との関連で考えると、この「世間」の存在は、一概に否定しきれないよい面を持っている。

こうして、日本の高齢者の労働力率の高さは、日常の心の安定のために「世間」を重んじるという文化的価値基準を象徴するものとなっている。とすれば、この文化的価値基準が大きく変容しないかぎり、これからの高齢者の多くは、働くことをやめないだろう。

先に私は、自分のことを貧乏性だと言ったが、ことに私のような自由業者は、仕事がとぎれると、経済的な不安もさることながら、仕事を通しての人とのつながりが絶たれるのではないかという不安がとても大きい。つくづく自分は日本人だなと思うのである。

はじめに、「生涯現役」とか「いつまでも若さを喪《うしな》わず」とか「新老人」などのかけ声や、アンチエイジングに熱中する試みに対して違和感を表明した。黙っていても確実にやってくる「老い」に無理に抗して見せているようで、大事なところを見ていない気がするからである。

私のその感覚は変わらない。しかし、老いを迎えようとしている団塊世代の多くが抱いている「無理のない範囲で働けるうちは働く」という静かな意志に対しては、ある共感を禁じえないのである。

雑事にかまけて生きる幸せ

羨ましい「五十代で子育て」

日々の生活のなかで、「これをしなくてはならない」とか、「何時から何時まではこれこれの予定が入っている」とか、「養うべき子どもがいる」などの外枠が決まっていることは、基本的によいことである。

人はすることがないと自由をもてあまして退屈を噛みしめる。やがて「生きていることにはどんな意味があるのか」などと、とかく考えても仕方のない、ろくでもないことを考え始める。もともと生きていることそのものに意味なんかあるはずがない。ただ人間は、何かの活動に自分を託して、そこにみずから納得できる意味を作り出さざるをえない存在だと言えるだけである。

私の友人で、四十八ぐらいで二十歳ほども年の違う女性と結婚し、五十ではじめて子どもをもうけた男性がいる。仲間内で飲むとひとしきりそのことが話題となる。子どもが成人すると、彼は何と古希《こき》を迎えることになる。私たちは、体力の弱ってくるこれからの彼に訪れる子育てのたいへんさを思いやって、一応はねぎらうことにしている。彼自身もその予想されるたいへんさをよく自覚していて、「かわいいことはかわいいのだけれど、どうもねえ……」と苦笑の体《てい》である。

気のおけない仲なので、「幼稚園に通わせるようになったら、お父さんが姿を見せると園児たちからおじいさんが迎えに来たよと言われますよ」とからかってみた。寛容でふところの深い彼は、「そうでしょうねえ」とにこにこ顔を返してきた。

ときおり彼に会うと、奮戦と睡眠不足によるやつれがほの見える。夜泣きの激しい時期を何とかくぐり抜け、もっか乳幼児特有の病弱な時期にあたっているらしい。

遠い昔のことになってしまった記憶が甦《よみがえ》る。私の子どもたちも一時期病気の連続だった。あれを五十になってから経験するとは、ほんとにご苦労様。

　しかし私は、彼の労苦を思いやるいっぽうで、じつは、少しばかり羨《うらや》ましいとも感じているのである。若い奥さんをもらったからではない。

　私は遅く生まれてきた子どもで、両親は他界しているので、介護の義務からはすでに解放されている。自分の子どもたちも、何とか自立してやっている。孫もいない。養うべき「弱者」というものが私の身の回りには存在しない。じつにお気楽な身分である。

　いまもし仮に幼い子どもを責任を持って育てろと言われたら、体力、気力、精神力、どれに照らしても、とても引き受ける自信がないし、またあえてそんなことをする気もない。

　だがそれでも、心のどこかで、「ぜひともやらなくてはならない」ことがあるのは、それなりにいいことだなあという思いを抑えることができないのである。

　それを求めているというのではない。けれど、たとえどんなに疲れることにせよ、何かに外側から仕方なく規定されることによって、日々の空白が埋められているというのは、悪いことではない。余計なことを考えなくても済むし、空虚感に襲われる暇などないからである。

現世の欲望を否定せよ?

　哲学者たちは、平凡人が日々の雑事に追われて右往左往している事態を客観視し、彼らは本当の生き方をしていないとか、真実を見ようとしないとか好んで口にする。

プラトンはこの世は仮の姿であり、死によってこそ「イデア」の世界に近づけるとした。

セネカは、欲望に翻弄される人々の生に対して、抑制された静かな観想による生を置き換えれば、人生の短さを嘆く必要はないと説いた。

ショーペンハウアーは、人は苦悩と退屈との間を振り子のように往復するとアイロニーを込めて言った。

ハイデガーは、人々は死を見つめる態度から逃れるために、空談と好奇心と曖昧さに取り紛れる「頽落《たいらく》」の状況をみずから張り巡らせると指摘した。

彼らの言っていることがすべて間違っているとまでは言わない。しかし、彼らは「哲学者」的な自分の資質に合わせて、この世を突き放して見ているにすぎない。そこには一様に、猥雑な現世というものに対する無意識の軽蔑心と、「ふつうの人生」に対する高踏的な態度が読みとれる。

現世の意志や欲望を否定せよ？　来るべき死を直視せよ？　では具体的にどうすればよいというのか。隠居でもして終日自分と向き合っていなくてはならないのか。そんなことをしたくない人、したくても経済的、実際的その他の理由からできない人がたくさんいるのである。

日々の雑事に取り紛れる。いつになっても具体的な悩みから解放されない。次から次へと

「しなくてはならないこと」が襲ってくる。いくつもの心配事で時間を埋めていく。たとえつかの間とはいえ、小さな楽しみや幸福感に満たされる。いじましい欲望のうちにからめとられる。これらの連続のうちにしか、人生の実相というものは現れない。してみれば、哲学者好みの「死を見つめる深遠の境地」など、大多数の人にとって無縁ではないか。

五十歳で子どもをもうけ、七十歳まで子育ての労苦に追われる――疲れてぼろぼろになるかもしれないが、人生八十年時代特有の長い「たそがれ期」が持つ空白が、大きな「必要」によって埋め合わせられる。私がくだんの友人の現在の境涯を、かすかに羨ましいと感じるゆえんである。

窓際族でいさせてほしい

仕事に関しても、同じことが言える。仕事は「雑事にかまける」ことを否応なく要求してくる。段取り、打ち合わせ、手作業、人と会うこと、関係者の思惑とのズレの調整、うまくできるかなという不安や期待……。何よりも、人間関係が継続するので、たとえそれが疲れる関係だとしても、孤独に悩まされないで済む。

仮に窓際族になったとしても、朝決められた時間に出社し、決められた机にすわり、こつこつと与えられた仕事をこなしてゆける。そんなシステムが残されているといい。その意味では、終身雇用制というのは、悪い制度ではない。

終身雇用と年功序列は日本の企業社会の旧弊であるとの指摘があちこちでなされてきた。またその存続の難しさも喧伝《けんでん》されている。すでにこの制度は崩壊したという説もある。

いわく、このままでは国際競争に勝てない、熟年世代が既得権を手放さないために若者世代が正規の職業に就けない、年功序列による熟年層の高賃金のために、生産効率が上がらない、仕事の報酬は成果によってこそ測られるべきだ等々。

しかし、ではどうすればよいというのだろうか。

熟年層に属する個々の実存者の立場に立つなら、一定程度の働く意欲と元気があるのに、強引にリストラされて無為の境遇に押しやられたのでは困るだろう。

六十歳や六十五歳で多少のリセットの仕組みがあることは致し方ない。だとしても、これまでの経験と知識が生かせるような職域を、厖大《ぼうだい》な数の熟年層のために残しておくことは、どうしても必要に思える。

もちろん高齢労働者の報酬が漸減《ぜんげん》していくのは当然のこととして受けとめなくてはならない。仕事の実績も上げていないのに高給を取って居座り、若い者の道をふさぐのは倫理的に許されないからだ。だから、年功序列のほうは、たしかにあまりよい制度とは言えない。

ただ、熟年層に対しては、日常の雑事にかまけることができるだけの、かまけることの意味が実感できるほどの小さなポジションを残してくれてあればそれでよい。肩を怒らせた「生涯現役」ではなく、生産現場の前線から徐々に身を引いていけるような、ソフトランディングの仕方を許容する雇用システムが望まれる。

趣味に生きても虚しい

悠々自適は素晴らしいか

リタイアしたら趣味に生きればよいという声がある。また、そうしたいと思っている人々もたくさんいるようだ。

企業のため、家族のために仕事一途《いちず》で生きてきた人が、自分の前半生を振り返って、「これからは自分の好きなことをしたい」と思う気持ちはよくわかる。「悠々自適」という言葉が、なにやら素晴らしいことのように、あこがれの感情を伴って人の口の端《は》に上る機会が多くなった。

しかし、「悠々自適」というのは、あこがれられているほど素晴らしいことだろうか。第一に、財産がいくらあったら悠々自適が可能なのかという基準、尺度がない。そのため大方の人は、多少の小金があったとしても、経済的な不安からそれほど自由にはなれないだろう。趣味に生きることができる人など、一部のエリート老人に限られるのではないか。

また、子孫に美田を残す気などないという個人主義的な考え方の人が増えている。だが同時に、その同じ個人主義的な傾向の表れとして、体が利かなくなったときになるべく子どもに迷惑をかけたくないという人も増えている。体が利かない期間が長引けば長引くほど、経済的な保証が必要とされる。子どもの世話になるにせよ、施設で老後を過ごすにせよ、先立つ物は金である。

世の中はせちがらい。たとえ子どもの世話になる場合でも、子どもの側にしてみれば、親の財産を当てにできるのとできないのとでは、世話をする意識が大きく違ってくるのは当然である。

そして、これからは、そういう期間がどれくらいの長きにわたるのかを、不安と共に展望しておかなくてはならない時代なのだ。大多数の高齢者にとって、「悠々自適」の心境に安息していられる状態がやってくるとは思えない。

私がこれに加えて指摘したいのは、次のことである。

人間はすぐ退屈する動物であり、自分のやっていることの「意味」を考えてしまう動物である。趣味に生きるといっても、そんなに一つや二つの趣味に没頭して長い年数を明け暮れる人がたくさんいるだろうか。「意味」が実感できなくなったとき、どうすればよいのだろうか。

そば打ちをやろうが、山歩きに精を出そうが、短歌サークルに属そうが、土をいじろうが、そこで得られる満足感は、ある年齢以上になればたかが知れている。

また競争心をかき立ててくれるような趣味であっても、しょせん大部分はアマチュアの域を出ない。これから一芸に秀でることができる人など、ごくわずかにすぎない。

それを悟ったとき、満足感を持続させられるだろうか。しだいに募ってくる虚《むな》しさをうまく押し殺せるだろうか。

私は、自分がほとんど無趣味なので、ずいぶんひねくれたことを言っているのかもしれない。おそらくそのとおりであって、私には、趣味に熱中できる人の気持ちがよくわからないところがある。

それでも若いころはいくつかのことに手を染めてみたが、だいたい二年くらいで飽きてしまう。これから何かをやり始めてみても、もっとその傾向が出てくるのではないかと思う。

趣味に熱中できる人が心底羨ましい。だから、そういう人々に水を差そうという気は毛頭ない。しかし私のような人も世の中にはけっこういるのではないかと思うのである。

趣味に漂うもの悲しさ

いったいに「趣味」という営みには、どこかしら根源的な「寂しさ」「もの悲しさ」が漂っている、と感じるのは、私だけのひねくれ根性がなせる技だろうか。

好奇心旺盛な子どもや青年のころは、ある程度まで何かの趣味に没頭できる。「遊びをせむとや生まれけむ」というのは子どもの特質の一つである。だから、後先顧みずに何かに飛び込んで、気づいてみたら、けっこう「病膏肓《やまいこうこう》」の境地にたどりついていたということが多かれ少なかれあるだろう。

しかし、およそ趣味というものは、余暇として与えられた時間を埋める試みであり、孤独を慰める営みである。趣味が高じて仕事になってしまう場合は別だが、仕事にはならないから趣味なのである。仕事にはならないということは、社会への基本的な開かれとは別の領域でそれを追求するほかはないということだ。

趣味は、直接的には、他者とのかかわりをめがけず、何らかの「事物」をめがける。だからおよそどんな趣味でも、やろうと思えば一人で追求できるのである。

麻雀やゴルフや囲碁将棋や社交ダンスのように、一見相手がいなくては意味がないと思えるような趣味でも、一人の世界に入り込むことを許す。それが仕事ではなく趣味であるというまさにそのことのために、「仮想空間」を設定できるからである。

人間の本来の営みとは何か。恋愛や結婚生活や労働である。趣味は、これらの本来の営みの外側にある。それは、あくまでも生活の中心からは浮き上がっている。

と、こう言えば、当然、次のような反論が返ってくるだろう。

何を言っているのだ。人は何かの趣味を通して人間的な出会いを実現できるではないか。現にあらゆる同好の士の集まる場所に人は群れ集い、じっさいに豊かな人間関係をたくさん得られているではないか。趣味が楽しいゆえんは、それを通して、人との出会いがあるからこそなのだ……。

これはまったくそのとおりである。私は、多くの趣味にはそうした効用があること、人が結局はそういうことを求めているのだという事実を全然否定しない。そういうことが実現できる人、持続できる人はそれでいい。けれども、それとてもそう簡単ではない。

まず第一に、「人間的な出会い」なるものが変に高じて、マイナスの方向にこじれてしまうことも多い。だれもがうまく人間関係の距離を保てるわけではないからである。「あの人がいるために、このサークルはうまくいかない」等々。そうなると、群れ集うことから撤退しなくてはならなくなり、好きであったはずの趣味そのものにも嫌気がさしてしまわないだろうか。

また第二に、その趣味自体に飽きてしまったらどうするのか。

いろいろなことに手を出してみればいいじゃないか、そのうちに自分の身に合った、簡単には飽きないような趣味が見出せるかもしれないでしょうという意見も傾聴に値する。しかし、もともと無趣味であった人にとって、たやすくそういうものが見つかるかどうかが問題なのである。

漫然と過ごしたい人もいる

ぐずぐず考える前に、ともかくやってみることが先決だというのもそのとおりであろう。けれども、無趣味の人というのは、永年無趣味で生きてきたことが習い性となっている。だから、あらゆるアイテムが等価に感じられて、それらのなかのどれか一つを選ぶということがなかなかできにくいものなのだ。

テレビや雑誌などの「趣味コーナー」は、「だれもが何かを追求している」ということを当然の前提としている。トピックとして取り上げられるのは、料理、園芸、パッチワーク、温泉めぐり、水彩画、バンド、その他いろいろ。

これは当然のことで、「特に趣味など持っていない人」などを取り上げても、番組として成立しない。趣味コーナーの番組では、こんなに面白く生きがいがあるということを売り文句にしなくてはならないからだ。

しかし特に趣味など持っていない人は、もともと「趣味に生きる」ことそのものに、先取り的に虚しさを感じてしまう人である。その種の人に向かって、これはこんなに面白いよといくら説得しても無駄だと思う。現に私は身近に、老いの境遇の寂しさを埋め合わせるためにいろいろなことに手を出してみたものの、どれに対しても情熱を感じられずにやめてしまった人を何人か知っている。

この種の人は、空白の時間帯は、テレビを見ながらごろごろしていたり、ちょっと音楽を聴いてみたり、興味の湧いた本に手を出してみたり、静かに酒を飲んでいたり、時々は小旅行に出かけてみたり、散歩をしたりといった漫然とした過ごし方が性に合っているのだ。

だから、「趣味の生活の楽しさ」「趣味を通した人間的な出会いの素晴らしさ」などをいくら説いても、無意味である。勉強したくない子に勉強を無理強いしても逆効果なのと同じだ。彼らがにわかに活眼し生き生きと行動し始める、などということはない。彼ら自身もそんなことを説いてほしくないと感じているだろう。

さらにこういうことも考えられる。

現役時代に趣味にせっせと精を出す人。そこには、忙しいからこそ、という逆説的な心理がはたらいていないだろうか。仕事に追いまくられて、自分を見失う。おれはいったい何のためにこんなにあくせくしているのかという切迫した思いが反転して、かえって余暇を精力的な趣味活動で満たそうとする。

こういう心理を反動形成という。

彼あるいは彼女は考える。「退職して暇になったら、そのときこそいままでじゅうぶんにできなかった趣味活動を存分にやってやろう」と。

ところが、現在多忙であることの反動形成としての趣味活動だから、退職したとたんに、その思いも同時に消える。これまで大事にしていた趣味からも離れてぼーっとしてしまうのだ。私はそういう例をじっさいにいくつか聞いたことがある。

無趣味の人を動かすには

何ともじめじめした繰り言のようになってしまったが、それにしても、無趣味の人はどうすればいいのだろうか。

無趣味の人、イコール、不活発な人、本性からして鬱《うつ》傾向、ひきこもり傾向の人というわけではない。なかには自分にとって意味さえ感じられれば、みずから腰を上げて動き出す人がたくさんいる。ただ、何か自分を駆り立ててくれるような条件、これをせざるをえないと感じさせるような契機が必要なのだ。

そうした条件や契機をいくつか挙げてみよう。

一つは経済不安である。

先に、日本の高齢者の多くは、これからもその体力、気力に応じて働くことをやめないだろうと述べた。これは悪く言えば貧乏性的な、よく言えば勤勉な国民性に根ざしている。

どれだけの財産があれば「悠々自適」の心境になれるかという基準が決まっているわけではない。だから、そこそこ小金をため込んでいても、それで経済的な不安がなくなるということは、あまり考えられない。

経済的な不安が、働く意欲と気風《きっぷ》とを支える。

なだらかな下降線を描きながら、高齢者はこれからも働き続けようとするだろう。年金生活に対する不安は、無趣味の人の勤労意欲を促すだろう。少し余裕がありながら、まだまだ不安だというくらいのところがちょうどいいのかもしれない。

年金に頼ることが難しくなるこれからの日本は、無趣味の人にとっては、勤労によって長い時間を埋めてゆく格好の舞台だと思うのだが、いかがだろうか。

孫には「無責任」でも許される

無趣味な人を動かすもう一つの条件は、孫やペットのように、かわいくて世話をしたくなるような存在である。

祖父母と孫の関係は、親子関係に比べて、無責任に戯れることがかなり許される関係である。本気で責任感を持って世話をすれば体力的にも精神的にもたいへんである。しかし、親がちょっと仕事で手が離せないとか、たまには育児から解放されたいと思うときに、親の持つべき役割の半分くらいは受け持つことができる。

もちろん、無責任に遊ぶだけでは許されない。だが、その半分の責任感というのが、無趣味な高齢者を動かす条件としてはちょうどよい。早く孫の顔が見たいと思っている人は言うに及ばず、別にそう思っていない人でも、あのいとけなくかわいい現物を突きつけられれば、これは自分がある程度サポートしなくては、と感じること請け合いである。

一般に高齢者というのは、自我の鎧《よろい》が柔らかくなり、寛容でやさしくなっている（逆の場合も多々あるが）。それは良寛さんのような、一種の「子ども返り」とも考えられるし、成熟の証《あかし》とも考えられる。厳しく子どもをしつけるというようなハードな課題をこなすことは苦手だが、年長者としての適度の威厳と、ふんわりとした包容力とを持って子どもに接することには適している。

祖父母に育てられた子どもはわがままになりやすいといった巷説《こうせつ》もある。事実の程は疑わしいが、もし本当だとすれば、それは、祖父母には完全な責任を背負うだけの気力、精神力、体力がないからである。だから、完全に祖父母が育児を担うのではなく、時に応じてその存在感を孫に示せるような機会を作るのがよい。

熟年恋愛はうまくいくか

無趣味な高齢者を動かすもう一つの条件は、恋愛関係である。

無趣味な人のなかにも、恋愛関係にだけは強い関心を抱いている人がたくさんいる。今日では、高齢者になっても、多くの人が心身のよりどころとして新鮮な異性関係を求める存在であることは常識となっている。

世の実相についてよく観察するかぎり、長い間生活を共にした熟年カップルが、そのままで相手に新鮮なときめきを感じ続けることはどう考えても難しい。多かれ少なかれ、既成の関係はすり切れている。

だからこそ、人はそれぞれの趣味サークルや仕事の世界を通して出会う新しい関係に期待するのだろう。それを不純と非難したり、いい年をしてと笑うことはだれにもできない。

と書いてはみたものの、熟年恋愛問題はなかなか微妙である。趣味には関心がなくても、恋愛には心動かされる人がたくさんいるという事実は事実として、さて、そう簡単によい出会いが実現するだろうか。

第一に、恋愛は相手がいなくてはできない。年をとればとるほど、お互いの情熱の質が異なることが多くなるのではないだろうか。相手に何を求めているのかが、双方で食い違う可能性が大きい。

第二に、独り者同士の熟年恋愛なら問題はないけれど、どちらかまたは両方に配偶者がいた場合、その既成の関係をうまく処理できるだろうか。だから私は、夫婦生活を営んでいるカップルに積極的に熟年離婚を勧めたり、どちらかに不倫を勧めたりする気にはなれない。

第三に、出会いの機会そのものが少なくなってくる。

とかく人間関係をうまく開くことは難しい。だれもが生き生きとした関係を築けるわけではない。素敵な出会いがあったとき、それを応援するのはやぶさかでないけれど、有頂天になることは慎まなくてはならないだろう。二人がこれからどんな関係を築こうとしているのか、よくよく考える必要がありそうである。

「ごまかし」ながら埋める時間

熟年者の、どう動かしようもなく固定化してしまった関係、ゆっくりと死に近づいてゆく自分の生への見積もりの心理、それでも、自殺するのでないかぎりは長くだらだらと生きていかなくてはならない時間的な射程、こうしたことに思いを馳せると、熟年に達した多くの人たちが抱える切なさがひとしお感じられてくる。

何かよい趣味を見つければよいというような提言は、この切なさに突き当たって跳ね返される。要するに一時的な「ごまかしの知恵」を提供しているにすぎない。

ことに熟年者の趣味という営みには、それが新しい関係を開くためにという「不純な」期待に強く動機づけられていればいるほど、「寂しさ」「もの悲しさ」が漂っているような気がしてならない。

もちろん「ごまかしの知恵」も必要である。きっと私自身も、残された時間を何らかのかたちで「ごまかし」ながら生きていくのだろう。

カミュの『異邦人』の終結部に、死刑を宣告された主人公のムルソーが、うるさく懺悔《ざんげ》を説く司祭を追いやった後、養老院で死んだ「ママン」のことを久しぶりに思い出すくだりがある。


一つの生涯の終わりに、なぜママンが「許嫁」を持ったのか、また、生涯をやり直す振りをしたのか、それが今わかるような気がした。あそこ、幾つもの生命が消えてゆくあの養老院のまわりでもまた、夕暮れは憂愁に満ちた休息のひとときだった。死に近づいて、ママンはあそこで解放を感じ、全く生きかえるのを感じたに違いなかった。（窪田啓作訳）

ムルソーは、「ママン」が「生涯をやり直した」とは言わずに、「生涯をやり直す振りをした」と言っている。「許嫁」を持ったことさえ「やり直す振り」である。いわんや「趣味」においてをや。

性愛問題にこと寄せて言うなら、「趣味に生きる」よりは、「許嫁」を持とうとする「振り」

のほうがいくらかはマシか。

人生のある時点から、私たちは鷗外の言う「かのように」振る舞いつつ生きるほかはないのだ。あなたもそれを知っているのではないか？

第二章　年寄りは年寄りらしく

いい加減にしろ、全共闘オヤジ

全共闘への懲りない幻想

団塊の世代はとても元気だから、まだまだいろんなことをやるだろう、やるべきだという声が高い。

だがほんとうに団塊の世代はそんなに元気だろうか。他世代に比べてマスとして目立つので、漠然とそんなふうに見えるだけなのではないか。

世代人口が多ければ、精力的に振る舞う人の絶対数も多いわけだから、いかにもそう見える。しかし同時に犯罪のようなろくでもないことをしでかしてきた人の絶対数も多いのである。団塊の世代は、よくも悪しくも時代のモードを先駆けて切り開いてきたという説もある。これも何だか疑わしいと私は思っている。

たとえば六〇年代末に起きた全共闘運動である。

全共闘運動が、団塊の世代の社会変革的エネルギーを象徴していたというのは、ほとんど間違いである。

まず、全共闘運動は、ごく一部の大学生によって担われたにすぎない。当時、大学生という存在自体がめずらしかった。私が大学に入学した一九六六年、大学進学率は、短大を合わせても二割に満たなかった。しかも、そのうち多少なりとも全共闘運動に参画した学生は、多く見積もっても三割を超えない。

つまり、あの世間を騒がせた運動の参加者は、せいぜい当該世代人口の五％程度なのである。大多数の同世代の人々は、当時でも騒ぎとは別の場所で生きていた。

五％でも、たいへんな数ではないか、しかもあれだけ時代の流行を作り出したではないかという反論があろう。

だが、実態はどうだったか。

全共闘運動というのは、最後の学生運動である。この運動が一部でヒステリックに盛り上がったのは、この「最後の学生運動であった」ということに深く関連している。

というのは、第一に、この運動は、一般社会の生活者層と結びついていなかった。つまり学生という浮世離れした存在（私自身もその一人）が独り相撲を取っていたので、だからこそ、世間との間に激しい亀裂を生み出したのである。大衆とのつながりという点で言えば、よきにつけ悪しきにつけ、その十年前の安保闘争のほうがはるかに労働者や一般市民との間に連帯意識が見られた。

第二に、ではどうして一般生活者から浮き上がった運動にすぎなかったかと言えば、それは、すでに一般大衆の生活感覚が豊かな消費社会を追求する方向に傾いていたからである。高度成長時代を経た結果、安保闘争のときに比べて貧困階層は激減し、一般大衆のなかに、国家権力を正面切って批判する必然性が希薄化していたのである。労働者も全共闘運動には冷たかった。

そのため、一種の反動として、浮世離れした一部の学生が観念的になり、反権力的な政治課題に集中するという先鋭化した状況が出現したのだ。

要するに政治好きの青年が社会の安定化志向にアイデンティティを見出せず、無意識のうちに焦りと不満を抱いた。その焦りが生み出した現象が全共闘運動である。全共闘運動は、反権力的な政治運動が、この日本ではもう必然性を持たないことを象徴する、一種のやけっぱちの産物だったのだ。

ビートルズが来日し、その後ロックやニューミュージックの文化が幅広く定着したことも、別に団塊の世代が主体的に新しい時代を切り開いたことを意味しない。逆に日本人の生活に余裕が生まれ、消費文化の時代に入ったことに規定されて、たまたまそうなっただけのことだ。

あれらのムーブメントが、何か積極的な時代を作り出す創造的な性格のものだったなどという思い入れを抱き続けるのは、その渦中を生きた一部の人々の、郷愁にもとづいた幻想にほかならない。「破壊の情熱」とやらに未だに酔い続けているのだ。

鼻持ちならない特権意識

こうした思い入れからいつまでも抜け出せない団塊世代の人が、いま老いの入り口に立って、「あの時代よ、もう一度」と、見果てぬ夢を繰り出している光景にときおり出会う。いまさら白けたことを言わないでくれと言いたい。

たとえば作家の三田誠広氏は、『団塊老人』（新潮新書）のなかで、こんなふうに書いている。

人数の多い団塊の世代がいっせいに産業廃棄物になると、この国は滅んでしまいます。しかし、わたしは楽観しています。団塊の世代は、何といっても全共闘世代です。いかに生きるべきかということについて、真剣に悩んだ体験をもっています。若いころ、悩んだように、もう一度、新たな青春時代を迎えたのだという思いで、自分の未来について、真剣に考えれば、新たなヴィジョンが見えてくるはずです。団塊の世代の未来は明るい。わたしはそう信じています。

三田氏は、同書の別の箇所で、団塊の世代が戦後の男女平等の教育を受けてきた世代だから父親が子育てに協力する感覚を持っているのは当然だという意味のことを述べながら、「全共闘運動の中でも、女性闘士が活躍しましたし、連合赤軍浅間山荘事件でも、連続企業爆破事件でも、実質的なリーダーは女性だったといわれています」などと平然と書いている。

私は思わずのけぞった。

なんという無神経な例示の仕方だろう。

あのころ起きた一連の凄惨な事件が、「全共闘運動」という名の下に一括して肯定されている。三田氏の頭のなかでは、自分の青春時代がなにやら盛り上がったという想い出がありさえすれば、何でも世代の誇りに転化してしまうらしい。自分がその渦中にいながら、同世代の一部が味わった挫折感からも痛みからもまったく無縁の人なのである。

恥知らずとはこのことだ（もっともこの人の鈍感さとノーテンキと無思想ぶりはいまに始まったことではない）。

繰り返すが、「団塊の世代」と「全共闘運動の担い手」とは重ならない。寿司屋で黙々と修業に励んでいた人もいれば、就職活動に余念のなかった人もいる。彼らもそれぞれに「いかに生きるべきかということについて、真剣に悩んだ」かもしれないが、そのことと、「全共闘世代」であることとはなんの関係もない。

私が言いたいのは、鼻持ちならない特権意識を捨てろということだ。その特権意識とは、自分の「青春時代」が世代全体の人生を代表する体験だったという思い込みである。そんなものは、一部のはねあがったエリート層だけが共有できる同窓会意識にすぎない。

こういう特権意識を無傷で保存し続けるのは、傲慢なナルシシズム以外の何ものでもない。老いを迎えるにいたったふつうの人々の長い長い人生過程を舐《な》めているのである。

青春時代を過ぎてからの人々の生活過程には、我慢もあり苦悩もあり、失敗もあれば悔恨もある。その重みに比べれば、全共闘学生の「真剣に悩んだ体験」など、屁みたいなものだ。そして大多数の人々は、その重みの果てに、いま老いを迎えているのである。

「若いころ、悩んだように、もう一度、新たな青春時代を迎えたのだという思い」など、簡単に抱けるわけがないじゃないか。三田さん、いい年こいて、そろそろ「僕って何」は卒業してくださいよ。

「情熱をもう一度」と煽られても

始末の悪いことに、三田氏のような自世代の特権意識を後押ししておだててくれる人もいる。

団塊世代より十年若い経済学者の森永卓郎氏は、子どものころに見た団塊の世代はカッコよかったと言う。機動隊に対して敢然と立ち向かったり、長髪、ジーンズでビートルズを聴いたり、フォークソングを歌ったりしていた姿は、新しいライフスタイルの出現であり、そこには何かに挑戦する熱意が感じられた。しかしその後彼らは体制に順応して萎縮してしまった。これは自分の世代にとっては裏切りに等しい。かつてのあこがれをどうしてくれるのだと思ってしまうというのである。

いくら定年年齢を迎えるといっても、団塊の世代は精神的にも肉体的にも、まだまだ若い。もちろん、いまから新しいことに挑戦するのは大変な苦労だと思う。しかし、全共闘時に〝活躍〟したころの元気を取り戻せば、できるはずだ。楽しく充実した老後生活のモデルを、われわれに示してほしいのだ。（産経新聞二〇〇六年八月二十七日付）

森永氏もまた、「団塊世代」と「全共闘世代」とをそのまま重ね合わせている。華やかで目立つ一部の若者風俗を、その世代全体のイメージにダブらせてしまうのは、他の世代からすれば無理からぬところがある。よって、体制順応を「裏切り」とまで言い、叱咤激励してくれるのはありがたいと応えたいところだが、残念ながらこういうものの見方そのものが一つの錯誤なのである。

その錯誤とは、一部の若者たちのやみくもなエネルギーの発散それ自体を、何か素晴らしいものとして無条件に肯定する態度である。何かのムーブメントをただ抽象的なエネルギーとしてだけとらえて礼賛し、その復活を待望するというのは、何でもいいから「体制」に逆らってもう一度爆発させればいいと言っているのと同じである。粗略で野次馬的な括《くく》り方というほかない。

繰り返すが、全共闘運動はその結末を見てもわかるとおり、負の遺産しか残しはしなかった。当時渦中にいて「若気の至り」に手を染め、その後、生活の重みを知った私などからすれば、思想的な自戒と羞恥の念を込めて、そのように総括するしかないものだ。

全共闘運動に参加した一部の団塊世代にとっても、参加しなかった多くの団塊世代にとっても、フォークを歌った者にとっても歌わなかった者にとっても、今の自分を作っているのは、若者を卒業してから歩んだ個々の人生におけるさまざまな屈折の過程それ自体である。そうしてその今の自分は、老いを迎えた疲れたオヤジでありオバサンである。あの元気をもう一度、などと言われても、ピンと来るはずがない。

時代も大きく変貌した。一人一人の現在の心境を無視して、頭越しの単純な連想ゲームで「回春」の気を煽るのは、どうかやめてほしい。この年齢になったら、余計なことをしないというのも一つの大切な心構えである。

中身は左翼学生のまま

もう一つ例を挙げよう。

日本総合研究所会長の寺島実郎氏は、「団塊の世代へ」と題して、二〇〇七年問題を「私自身の世代の問題」と規定したうえで、次のように書いている（朝日新聞二〇〇六年四月四日付「思潮21」）。

このこと（二〇〇七年問題、つまり団塊の世代の大量定年退職のインパクト――引用者注）を他人事では語れない。（中略）「時代の子」として身につけたものを総括すべき局面だともいえる。（中略）

経済主義と私生活主義の谷間に生まれ育った団塊ジュニアが増幅された形での私的世界への陶酔とためらいなきマネーゲームの肯定という価値を身につけたとしても不思議ではない。（中略）

かかる状況下で団塊の世代は嘆息しつつ立ち尽くすのだろうか。改めて、団塊の世代の思想的基軸が問われているのだと思う。日本の戦後を生きた人間の矜持《きょうじ》が試されている。

（中略）

「戦争を知らない子供たち」を口ずさんだ団塊の世代が不条理な戦争（イラク戦争のこと

――引用者注）に加担する空気に傍観者の役割しか演じないならば、平和な時代を生きえたことの価値など何ほどのものでもない。（中略）

いかなる社会でも、誰かが公的目的性の高い分野を支えて、利害損得を超えて汗を流すことをしなければ、社会システムは安定しない。（中略）

団塊の世代が私生活主義に埋没したまま後代にのしかかる笠の雪となるのか、あるいは社会の一隅を支える力になるのか、日本の高齢化社会の姿はこの世代の覚悟にかかっているとさえいえる。それぞれに自分らしい参画があるはずだ。まだ戦後など終わってはいない。老成を気取り小成に安んずる前にやるべきことに向き合わねばならない。

私生活主義やマネーゲームに批判意識を持て、平和な時代を生きたことへの責任を自覚せよ、戦争に対して傍観者でいいのか、ミーイズムを捨てて公共的な目的に向かって社会的な行動（運動）を開始せよ――要するにそう言っている。

政治学や社会思想の研鑽《けんさん》を積んだ結果、複雑な表現を用いているぶんだけ、一見、語り口は、洗練されて見える。「社会システムの安定」を訴えているから、「国家権力を倒せ」と言っているわけではない。しかし、中身をよく服膺《ふくよう》すると、あの「懐かしき時代」の左翼学生の口吻《こうふん》と同じである。

要は尻たたきであり、アジテーションである。情熱の真のありどころは全然変わっていない。読者の方には失礼だけれど、みなさん、そのことが見抜けますか。はばかりながら、同世代の私にはすぐ見抜けるんですよ（いばるわけじゃないけど）。

寺島さん、本気で言ってるの、とからかうのはやめておこう。それにしても、この人は何をそんなに力みかえっているのだろうか。

根拠なき世代論的決めつけ

私は、この種の「呼びかけ」を、ご本人の、ご本人による、ご本人のための決意表明と受け取るかぎりでは、どうぞご勝手にと言いたい。また、この種の呼びかけに共鳴して応じる人が一定数いる事実をも容認する。

けれども、違和感だけははっきりと表明しておきたい。

引用外のところでは、寺島氏は、ホリエモンや酒鬼薔薇少年や幼児虐待の母親がみな団塊ジュニアであることを挙げ、その世代の価値観を間接的に作り出したのがその親にあたる団塊の世代であるという意味のことを述べている。

何を根拠にそんなことが決めつけられるのだろうか。見当外れもはなはだしい。

ホリエモン現象は、資本主義が爛熟すれば必ず起きてくる現象である。勝手に世代論的な関連づけをしないでほしい。また、ホリエモン的な現象を、道徳的に批判することにはなんの意味もない。

酒鬼薔薇少年のような事件は、めったに起きない特異な事件である。時々起きるし、いまも起きているが、昔はもっと起きていたのである。総じて日本社会が平和なので、メディアがことさら書き立てるようになったのだ。日本社会で、若者の凶悪犯罪がかつてよりも減っているという正しい認識は、ようやく定着しつつある。

幼児虐待も同じである。もちろん、ひどい虐待事件は昔も今もある。しかしかつては虐待などと見なされなかったことが、人権意識の過剰な高まりと養育水準の高度化に伴って、人々の間で強く言挙げされるようになったにすぎない。

メディアのその時々の論調を安易に利用しながら、時代や世代の問題にまで一般化して語るのは、評論という稼業の悪弊である。寺島氏もその弊を免れていない。

私生活主義でどこが悪いか

そして何より、団塊の世代にたまたま属するからという理由で、「この私」がどうして公共的な課題を背負って立ち上がらなくてはならないのか。なんで「利害損得を超えて汗を流」さなくてはならないのか。

団塊に属する「この私」、そして多くのふつうの人たちは、もういい加減疲れている。毎日、自分に与えられた私的課題をこなしていくだけでも疲れる。疲れてきたから適当に、周りから非難されない程度にやり過ごしていこうと考えている人がほとんどである。

寺島氏のように精力的で公徳心の旺盛な人は、そのつどいまの公共的な課題は何かと思考し、自分の果たすべき社会的役割は何かと判断するのかもしれない。しかし反面、一人の私的人間として、来し方への悔恨や、行く末への見通しに思いをめぐらせることはないのだろうか。ないのならば、それはそれでいい。だが、老いの入り口に立たされた団塊世代の人々の多くは、むしろ、どうすればなるべく不幸せにならずに自分のこれからを生きていけるのかという「私的」関心に支配されているにちがいない。

お金も大事だ。人から嫌われないように身近な人間関係をうまくやり繰りすることも大事だ。どうやって時間を埋めれば自分が少しでも充実できるかということに心を砕くことも大事だ。こうした「私生活主義」を批判する資格がいったいだれにあるのか。

「老成を気取り小成に安んずる前にやるべきことに向き合わねばならない」と寺島氏は書いている。これは、結局、「あの若いときを思い出してもう一回立ち上がろうぜ」ということである。つまりは、「全共闘復活宣言」である。

しかし、たぶん団塊の世代の多くの人は、かつて立ち上がりもしなかったのだし、いま老成を気取ろうともしていないだろう。

老成を気取る余裕などまだない。小成に安んじているわけでもない。はかなさの感覚が徐々にせり上がってきている事態にただたじろぎ、うろたえているにすぎない。長い老い先に展望される不確定要素に戸惑っているにすぎない。

問題は、公共性に目覚めよなどというアジテーションと、老いを感じ始めた多くの人々の私的関心や心境とがいかにかけ離れているかという事実に、寺島氏自身が気づいていないことだ。

要するに、暑苦しくて押しつけがましいのである。

「人はみなこう生きるべきだ」という倫理主義の臭《にお》いが芬々《ふんぷん》と漂う。そしてこの倫理主義は、時代の気分にも合わず、いかにも古臭い。こういう言論を振りまいていると、かえって「だから団塊の世代はイヤだ」と、嫌われてしまうのではなかろうか。

やはり団塊の世代に属する生物学者の池田清彦氏が、『正しく生きるとはどういうことか』（新潮社）という本のあとがきで、「人はボランティアなどしないで、ハナクソをほじくりながら朝から酒飲んでいる自由がある」と言い切っている。同感である。

私は、別に寺島氏個人に恨みがあるわけでもなんでもない。公式言論というものが、とかくこういう威勢がいいだけのアジテーションに陥りやすいことを問題にしたかったのである。

ヘタに「団塊の世代へ」などという呼びかけはしないほうがいい。個々の実存に対する並みの想像力さえ持てば、むしろ沈黙しなくてはならないことがたくさんあることに気づく。人はそれぞれの「私的」関心と厳しい生活条件とに規定されて生きるほかはないのだから。

私が自殺をしない理由

中高年男性に集中する自殺者

ここ数年、年間自殺者が三万人を超え、その多くの部分は中高年男性で占められている。その主たる理由としては、リストラによって今後の経済的な展望が見えなくなってしまったことが挙げられるのがふつうである。そこには、家族になるべく後顧の憂いがないよう、保険金を残すことを考えたという理由が付随することもある。

これらは、外面的にはっきり目に見える「理由」である。それ自体として間違ってはいないだろう。長く続いた不況が何らかの影を落としていることは疑いようもない。

しかしこれらの「理由」は、どうも自殺者たちの内面に踏み込んで納得させるには何かしら歯がゆいものを感じさせる。本当に彼らは経済的な理由だけで自殺を図っているのだろうか。

先に、五十代後半から六十くらいまでは、いまも昔も変わらず、「老い」をくっきりと意識させる年齢だということを強調した。いまこの年齢に自殺者が集中するのは、そのことに関係があるのではないか。

自殺という大きな事件があると、周囲の人々は、その積極的な「理由・原因」を探し求める。生前、何かそれらしきサインを出していたか、何か心当たりはないか、など。

しかし、ある種の人は消極的な理由によっても自殺すると思う。

自分がだれかに必要とされなくなってしまった、意欲を持って取り組むべきことがなくなってしまった、一通り何かが終わってしまった、何も面白いと思えることがなくなってしまった、など。

人は、ことさらな不幸感情に支配されているのではなくとも、これから先生きていても仕方がないという心境に陥ることがある。そうなれば、実行にはいたらないまでも、自殺を意識することはごくふつうのことだと思う。「別にもう死んでしまってもいいかな」という感じである。

しかし、多くの場合、みずから死を選ぶことはやはり怖い。だから、何か日々のやるべきことや、自分が死んだら悲しんだり迷惑をこうむったりする人がいるという事実にこと寄せて踏みこたえている。そういう人はけっこういるのではないか。

あと何年生きたとしても

五十代後半から六十くらいまでは、ちょうどそういう心境に襲われやすい時期である。もちろん、だれもがそうだと言っているのではない。現実にはめ込まれている私的、公的な関係が、そんなことを考える余裕すら許さないという人、明るい前向き志向で、もともと自殺タイプなどではない人、ささやかな楽しみを糧にして毎日を淡々と送っている人、こうした人々は、自殺など意識しないだろう。

だがそれでも私には、五十代後半から六十くらいの年齢が、一部の人を自殺に呼び込むための水位が共通に高まってくる一種の危険区域であるというように思えてならない。

子どもが育ってしまう。仕事の成果の可否にそれほど熱中できなくなる。一通りのことは経験して、人生の大筋が見えてしまう。「見るべきものは見つ」。

またいっぽうでは、来るべき老いの時期をどのように過ごすかについて、明確な展望があるわけではない。新しい技術の波にもすいすいとついていけない。

あと何年生きたとしても、大して新鮮な人生が待っているわけでもない。長生きして老醜をさらすことになり、周囲に嫌がられたり迷惑をかけたりしたくない。思えば何だかこれまでの生涯もつらいことや苦しいことのほうが多かったように思える……。

こうした気分に陥っている人に、リストラにせよ何にせよ、何かのきっかけが作用すれば、ふいとそのほうに押されるということはありうる。自殺というのは、それがじっさいになされる場合には、ほとんどその人がそのときに置かれた「気分」の必然の問題である。「勇気」といったものが占める割合は少ないのだ。

なぜ自殺が「罪」になるのか

ところで私は、若いころ、キリスト教が自殺を厳しい罪としていることがよく飲み込めず、一神教の教義はずいぶん勝手だと思っていた。「神によって与えられた命をみずから決することは神に対する冒瀆《ぼうとく》である」というその論理は、実存に触れえないただの理屈であるような気がしていた。

というのも、自殺するほどの人は、よほど自分自身を追い詰めているのだろうから、そこには哀しさと痛ましさこそあれ、外から客観的に「罪」などと決めつける資格のある人がいるとは思えなかったのだ。

いまでも宗教的な教義のようなかたちで「罪」と規定することには、違和感を覚える。たとえば、キリスト教文化圏のなかには、今日、共同体の干渉を極端に嫌うリバータリアニズムの立場がある。何事にも自己決定、自己責任を重んじる、いわば個人主義の極致といってよい。

この立場のなかに、自殺を自己決定権とする考え方がある。そして、自殺を罪とするキリスト教的な考え方に対して「大きなお世話」だと抵抗を試みている。

だが、日本人の感覚からすると、同一の文化圏からかえってそれに抵抗する考え方が出てくるというのは、何とも皮肉な姿と映る。伝統的な宗教的規範が強いからこそ、それに対抗する思想の緊張も生まれてくるのだろう。

自殺を罪と規定するキリスト教的な考えに対する私の違和感は、このリバータリアニズムにやや近いが、それとも微妙に違っている。一部のリバータリアンが自殺を個人の固有の権利（正義）と見なすことにも違和感を覚えるのである。人は何か行動を決意するのに、まったくの独立した個人の意志としてそうするのではないことが多いからだ。

私のこの感じ方は、自殺に対する日本人の共通の感じ方ではないかと思う。その微妙な感じ方について語ってみよう。

死を選ぶことへの本能的恐怖

私は、自殺を「罪」とする考え方にはそのまま共鳴できない。だが最近では、その戒《いまし》めの背後にある人間論的な感知それ自体には、自分の考えと共有できる部分がある、と思うようになった。

いま仮に、私がその年齢に特有の「危険区域」に入っており（事実入っているのだが）、自殺を考えるとする。

私は三割くらい独我論者のところがある。独我論によれば、自分が死ねば、意識によってしか把握することのできないこの世界は消える。だから、あとのことは知ったことではないという態度をとることもできる。

しかし、残りの七割くらいは、やはり私の死後残された人々の世界はそのまま動いていくだろうとどうしても思える。これが、私が自分の自殺について考える場合の前提である。

そこで私が、この世界は無意味であり、人はどうせいつか死んでしまうのだという意識にとりつかれたとする。今後生きていても何も面白いこと、楽しいことはなく、自分などのちっぽけな存在が社会に対して影響を及ぼしうることなどほとんどない。そういう気分に占領される。

ここには自殺のための観念的および実存的な条件は一応揃っている。

それにもかかわらず、私が自殺を踏みとどまるとすれば、その条件は何だろうか。

まず第一に念頭に浮かぶのは、死をみずから選ぶことに対する本能的な恐怖である。

私は、死そのものに対しては、さほど本能的な恐怖を抱いていない。けっこう苦しい「うつしよ」を人並みに経験してきたので、「もういつ死んでもいい」という感じはたしかにある。朝の寝床のまどろみのなかで、このまま眠るように死んでいけたらどんなに楽だろうと思うこともまれではない。

また、ガンにかかって余命何カ月と告げられても、比較的冷静にそれを受けとめられるという自信がある。事実、もう何年も前に肝臓に大きな影があると言われたとき、自分がどのくらい不安になるか自己観察してみたが、まったく不安を感じずに、「診察結果を正確に伝えてください」と平気で言っている自分に驚いたことがある。

結局その影が何であるかわからないまま、いまも私はこうして生きながらえている。しかし、仮にそのとき余命何カ月と言われても、取り乱しはしなかったろうという確信があるのだ。命への執着・煩悩がかなりすり減っているらしい。「来るべきものが来たなら、それはそれで」という感じなのである。

しかし、自分で命を決するということになると、やはり怖くて踏み切れない。まだまだ私にとって自殺は、「勇気」の問題なのだ。

周囲の人に申し訳ない

次に私が考えるのは、周囲の人たちに悪いという感覚である。これがキリスト教の考え方とやや重なってくる。

妻は、私をとても大切に扱ってくれるし、私がそんなことをしたら、哀しみと怒りで打ち震えるだろうという感知がある。

また私の娘は近々結婚を控えている。婚約してからずいぶん長い期間、いっしょうけんめい準備を整えている。私も当然式に出席するわけだから、その前に私がそんなことをしでかしてしまえば、何という「子不孝」をすることになるのか。

また私の息子は、最近良縁にめぐり合って結婚した。これまで相方の両親ともども、彼らの未来を祝福してきた。新しいマンションに入居したばかりで、新生活をスタートさせている。そういう希望を持った若い人たちに、暗い影を投げかけたくない。

こうして、私はただ一人で生きているのではなく、近親者との関係において生きている。そのため、彼らをいたずらに悲しませたり怒らせたりしたくないという思いをどうしても断ち切ることができない。それが私をして自殺を思いとどまらせる。

さらに私は、ここ五年間年中行事となったあるイベントの主宰者を務めている。そのイベントは現在続行中であり、一年後の未来までも繰り込んでスタッフともども企画・立案を行っている。私が自殺すれば、このイベントはつぶれるだろう。若い人たちも巻き込んで共通の努力を傾けているそのことをおじゃんにしてしまうのは、スタッフたちに対して何だか申し訳がない。

私のことを大切に思ってくれる友人も、数は少ないながら、何人かいる。

近親者との関係ばかりでなく、こうしたささやかな社会関係においても私は生かされている。

それを自殺のようなかたちで一方的に断ち切ることは、何とも無責任という感じを免れないのである。

共同幻想の上に成り立つ倫理

こうして、私が自殺を思いとどまる理由は、自分の本能的な恐怖の問題を除けば、関係性を生きていることに伴う、一種の倫理観であるということになる。

もちろん、周囲の人たちは、いっときどんなに悲しんだり怒ったりしようと、それぞれに立ち直るにちがいない。時が経《た》てば私のことなど忘れてしまうか心の片隅に残す程度のことで、それぞれにたくましく生きていくだろう。人間にはもともとそういうあさましいところがある。だからこそ生きていけるのだ。

彼らのことなど思いやって自殺をしない理由にするのなどは、しょった振る舞いだという声が聞こえてこないではない。「あんたのことなんかだれもそんなに大切に感じてないよ」と言われればそうかもしれないとも思う。

でも、私が言っていることは、相身互《あいみたが》いなのだ。私が自分の生をささやかな関係性によって支えられていると幻想しているのと同じように、その関係の相方もまた、自分の命を支える近しい他者についての幻想から自由ではないはずである。

「生きて・いる」ということは、いつも「共に・生きて・居合わせる」という共同幻想の上に成り立っている。

私が自殺しない理由づけの一つに、近しい関係者を怒り悲しませたくないということを挙げるのと同じように、私によって理由づけのダシとして選ばれたその相手もまた、自分が自殺しない理由の対象として、私の存在を選ぶことがありうるだろう。この相身互いの幻想のあり方そのものが、倫理の基盤をなしているにちがいないのだ。

むろん、「私のことを大切に思ってくれる人がいる」という思いは、ある場合、得手勝手な当て込みにすぎないかもしれない。しかしこの当て込みが、すべて見当はずれということはありえないだろう。現に互いに消息を気にし合っているという事実がそれを証明している。だから、ある一人の人において、この当て込みが本当にすべて払拭《ふっしょく》されてしまい、どんな近しい関係者もいなくなってしまうのでないかぎり、自殺しないほうがよいという倫理が成り立つのである。

これを普遍的な「罪」とまでは言わない。しかし、近しい他者たちとの関係をみずから壊してしまえばそこに哀しみや怒りの波紋を多少とも引き起こす。自殺しないほうがよいという私たちに共通の感覚は、それを避けたいと考えるかぎりで、かろうじて倫理としての意味を持つ。人間とは、「間柄を生きる存在」という意味だからである。

五十代後半から六十くらいにかけては、いくら何でも、間柄を完全に喪失している人というのは少ないだろう。だからその時点で自殺してしまうことはやはり痛ましいことである。道徳的な「悪」というのではなく、人倫としての生を放棄するという意味でよくないことである（道徳的な戒律と人倫とは似て非なるものである。これについては拙著『エロス身体論』平凡社新書参照）。それは、自然死よりも大きな哀しみや怒りの波紋を引き起こすにちがいないからだ。

否定でも称揚でもなく

以上が、ぎりぎりのところで「自殺はやはりよくない」と私が考える理由である。

しかし私は、キリスト教のように、すべての自殺がよくないとは考えない。

たとえば、自殺した文芸評論家の江藤淳は、妻を喪い、愛犬を喪い、子どももいず、老齢化して仕事の面でも情熱を感じなくなり、時代の流れに対するあらがいの感情が消滅したことにも自覚的であった（おそらく）。つまりは、ほとんど関係によって支えられる自分の生という意味をなくしてしまったのである。

彼にとっては、自殺は一種の自然必然的な流れの延長上にあったと思う。言い換えると、たぶん彼のなかでは、もはや「勇気」の問題は極小になり、ほぼ完璧な「自殺気分」が日々の心を領するようになっていたのである。

また、八十歳にもなって、もはや周囲から必要と見なされなくなり、身寄りもなくなった人が、それを理由に自殺したからといって、そんなに悲惨なこととは思えない。こういう場合、周りがもっと何とかすれば防げたのではないか、などと大騒ぎすることにはあまり意味が感じられない。

それはいわば、成るべくしてそう成ったのだ。仕方がなかったのだ。

私はまた、この種のことを潔い見事な生き方だとしてことさら美学的に称揚する気にもなれない。

以前、八十歳の夫と、八十二歳の妻が、旧火葬場の焼却炉に飛び込んで焼死した。妻は糖尿病ですでにぼけていた。夫は他人の世話に一切ならずに、施設への入所も拒否して、一人で介護を続けていたという。

妻がぼけていたのだから、ありていに推測するかぎり、この決断は、夫の強い意志によるものと考えられる。ことと次第によっては、一種の無理心中とも見なせないわけではない。

批評家の勢古浩爾氏は、この事件をとらえて、「合意の上での死だったと思いたい」としたうえで、「はたしてこの夫婦の死は『悲惨』だろうか。むしろ立派な死ではないだろうか。見事な夫婦ではないか」「世に知られない、ほんとうにすごい人たちがいる」と書いている（産経新聞二〇〇五年十一月十八日付)。

「悲惨」と呼ぶことに違和感があるという点では、私も勢古氏の論評に共感する。しかしそうかといって、「立派な死」「見事な夫婦」と評することにもためらいを覚える。

そういう美学的な称揚は、必然的に「理想の生き方(死に方)」を示唆することになる。そしてそれは、そうできない人々、つまり親族や福祉の世話を受け入れる大多数の人々の生き方を暗黙のうちに見下すことになる。

福祉行政や他人の世話を一切受け付けないというのも、何だかただの意地っ張りにすぎないのじゃないかという印象を拭えない。私がむしろ感じるのは、この夫婦もまた、何らかの仕方のない条件に規定されて(たとえば、他人を信じないというような信念を抱かせるようなことが過去に積み重なって)、ただ必然的にこういう道を選んだにすぎないということである。

何の具体的な条件や関係にも規定されない「生き方(死に方)の選択」というようなものはありえない。

だから、その条件や関係がどうであったかという問いを抜きにして、ある目を引くような事例を素材に、ただ純粋に「生き方の美学」を唱えて一般化しようとするのにもあまり意味が感じられないのである。

自殺に関して繰り返すなら、その人の条件や関係が、一定の人倫の幅(つながりを相互に大事に思う範囲）をキープしているかぎりで、あまりよいことではないと言える。だがその幅が極小に追い詰められたときには、そのように行為するしかないと言いうるのみである。それ以上の価値判断はできないというのが、私の考え方である。

くだんの老夫婦も、おそらく限りなく自然死に近いかたちで死に赴《おもむ》いたのである。

「長生きは素晴らしい」という偽善

アリバイ作りとしての「敬老の日」

「生命」という抽象的な原理を至高のものと考えるかぎり、どんな高齢者の死も、できるだけ防ぐべきものとされる。これは、いまの社会通念となっている。

しかし私は、この社会通念にずっと言葉にならない違和感を覚え続けてきた。ただだらだらと長生きしてどうするのだ。オランダで合法的とされている安楽死、けっこうじゃないかと思う。

とはいうものの、もし自分が八十歳まで生きながらえ、病気を抱えたり、介護を受けなくてはならなくなったとき、みずから決然と安楽死を望むかと言えば、それも自信がない。どうも近親者や医療や福祉のシステムに身をゆだねて、だらしなく日々を生き続けてしまいそうな気がする。葉隠や武士道や潔い自裁の心など、自分のなかにないと思えるからである。そういう潔さの美学などを披瀝《ひれき》してみせる人に対しては、カッコつけてるけど想像力がちょっと足りないんじゃないの、と反発したい気持ちもある。

ただ、こういうことは言えるのではないか。

生命尊重・健康第一の思想が間違っているというのではない。しかしこの思想があまりに前面に出て、何が何でも延命がよく、長寿がめでたいこととして喧伝されると、それはそれでちょっと待ってくれよと言いたくなる。「敬老の日」などというものがあって老人を敬わなくてはならないと暗に説教されることなどに対しても、とても欺瞞《ぎまん》を感じてしまうのだ。

「敬老の日」というのは、シルバーシートと同じように、健常者社会が、「私たちはこのとおり、お年寄りのことを尊重していますよ」というサインを発することによる一種のアリバイ作りである。現実社会の中心的な動きが、役に立たなくなった老人を排除する構造になっている事実に、上手に（じつは下手な）オブラートをかけているのだ。

「敬老の日」には、自治体などが行事を催し、こんなに健康で幸せな老人がいますということがアピールされる。

しかし、幸せな老人がいるかたわらには、孤独で不幸せな老人もたくさんいる。そういう老人たちが自分の高齢を祝ってもらって嬉しいだろうか。幸せな老人の映像を見て、自分との違いに憤懣《ふんまん》を募らせるのではないか。

私たちの社会が「敬老の日」などをわざわざ設けて、「お年寄りには優しく」と声高に叫ばなくてはならないということは、私たちが「年寄りは役に立たない」という事実をじつは知っているということである。「敬老の日」はその事実を自己暴露している。そしてじっさい、「年寄りは役に立たない」のである。

シルバーシートをなくしてしまったほうがいいように（拙著『「弱者」とはだれか』ＰＨＰ研究所参照）、「敬老の日」などという偽善的なものはなくしてしまったほうがいい。

老人が「長老」たりえない社会

といって私は、老人を排除するような社会構造を告発しようというのではない。弱者である老人を一人前の人権の持ち主として、等しく認めよなどと「何とか団体」のような声を挙げるつもりもない。

老いていくということは、活発に動いている現実社会に適応できなくなっていくことである。そのことはだれもが認めざるをえない、そしてだれにとっても避けられない事実である。彼らの一定割合が社会的弱者に転落していくことを、曇りない目で見つめなくてはならない。その冷厳な実態を、一人一人の老人が引き受けるのでなくてはならない。

たとえば、前近代社会では、老人が「長老格」としての役割を持ち、一定の尊敬を得ていたといった言い回しがあるが、私はそういう乱暴な一般論をそのままでは信じない。「長老」は一人または数人でたくさんだし、前近代社会でも、「長老会議」に参加できない無数の見捨てられた老人がいたにちがいないのである。

たしかに、競争とスピードと技術革新を重んじる現代社会のあり方は、かつてに比べて老人をお払い箱にする割合を増やしているかもしれない。だがその代わり、ちょうどそのぶんだけ、その事実を問題視するまなざしも増えている。老人にふさわしい就労機会の提供や高齢者対策も、不十分ながら行われている。全体として言えば、昔とどっこいどっこいではないかと思う。「老人が老人であることによって尊厳を持てる社会を」と叫ぶことは、じつはあまり意味がない。なぜならば、本当にそういう理想を実現しようとすれば、それは、小人数で閉じられた古代部族や村落社会のようなものを想定しなくてはならないからだ。そんなことはいまさら不可能である。

むしろ、現代のこの大きな流れをそれとして認めたうえで、老人一般にふさわしい小さな席を残しておいてくれるように訴えるほうが効果的だ。そのためには、一人一人の高齢者が、引き際をよく心得つつ、自分の体力と知力の限界を自覚して、それぞれに片隅の席を慎み深くかつ狡猾《こうかつ》に探し求めるのがよい。多くの高齢者はすでに、きっとそうしている。

介護の情景にざわつく心

ところで、よく福祉を扱ったテレビ番組などで、老人介護の情景が映し出される。こんなことを言うと福祉や介護の仕事に日々追われている職業人を侮辱することになりかねないが、私は、あれを見るのがどうにも嫌いである。

なぜ嫌いかと言うと、老いさらばえた裸身をさらした重度の認知症の老人などが、若い人たちに赤ちゃん扱いされながら、お風呂に入れてもらったり体を拭いてもらったりしている光景を見て、「いったいこの人は何のために生きているのだろう」と、つい感じてしまうからである。自分も遠からずこうなるのかな、イヤだなあ、と。

これらの福祉の仕事は、無条件に必要なこととされている。番組が、「みなさん、こんなことは無駄ではないでしょうか」などというメッセージを送ってくることは絶対にない。私にとっては、この「それを言っちゃあ、おしめえよ」というタブー感覚の支配が何だかいたたまれず、心がざわついてくるのを抑えることができないのだ。

でも、だれでもホントは私のように感じることがあるのではないだろうか。無用になってご厄介ばかりかけている以外、何の取り柄もなくなった人々だと。

もっとも、家族やそれに近い人がその人に深い愛情を感じていて、どうなってもいいからともかく生きていてほしいと切に願っている場合は別である。在宅介護にせよ、施設での介護にせよ、そういう愛情関係が明らかに存在する場合は、本人がどれほどぼけようと、介護する側にとって意味があると言えるだろう。看取《みと》りの時間というものが、その人たちにとってはかけがえのない大切なものなのだから。

しかし、そうした例もじっさいには限られるのではないか。その種の事例をことさら美談仕立てにして、そのような感情を持つべきだと人々に普遍的に強制することはできない。

家族にせよ、職業的介護者にせよ、被介護老人に対して、「もうこの人、いい加減に早く逝ってくれないかな」と心の片隅でかすかにでも感じたことのない人というのはほとんどいないと思う。そう感じる人をだれも非難する資格はない。

「幼稚園じゃあるまいし」

私のいらだちは次の点にある。

いっぽうに、「長寿はそれだけで素晴らしい」という偽善的で抑圧的な思想があり、他方に、「周囲に負担や迷惑をかけずに早くあっさりと逝く方法はないものか」と感じている高齢者候補生がいる。大多数の人はその中間あたりをさまよいながら生きていくほかないものだ。

それなのに、長寿は素晴らしいという思想の支配に明確な反論を対置したり、生命尊重・健康第一至上主義はおかしいのではないかという問題提起がなされたりすることは絶えてない。みんな本音を言わずに口をつぐんでいるとしか思えないのである。

もちろん、少数ながら本音を口に出す人もいることはいる。だがそれは、どうしてもつぶやきや一時の感慨として小声で語られるほかはない。

たとえば、作家の篠田節子氏は、あるエッセイで次のように述べている（日本経済新聞二〇〇六年三月二十六日付）。

団地の集会所で高齢者の方々が、若い保健婦さんの指導で、ふりをつけながら童謡を歌っていた折、後ろの方で手拍子を打っていたおじいさんの「幼稚園じゃあるまいし」という吐き捨てるような呟きを耳にした。

老人ホームの集会室に行ったときには、講師の指導のもとに、老人達が色とりどりの折り紙を折っていた。

安楽な最晩年に待ち受ける無為の光景の寒々しさに、慄然としたのは私だけだろうか。

（中略）

本格的な老いを迎えたとき、社会一般の年寄りではなく、私自身はどうするのだろうか。身も蓋もない本音を言おう。

「その前に死んじまいたい」

そういうヤツに限って百まで生きる。

「長編を仕上げ、『完』の文字を打ち込みつつ、椅子から転げ落ちてこと切れる」

そんな歳まで注文が来るはずがない。


さすがは文学者の目である。そういうことなのだ、と私も思う。

篠田氏は、幼稚園児扱いされることにばかばかしさを感じながらも仕方なくしたがっている老人や、折り紙を折る老人ホームの入居者たちの姿に、やがて自分にも確実にやってくる本格的な老いのイメージを託し、そうしてその前にただ立ちすくんでいる。

このただ立ちすくむ姿勢にこそ、老いを前にした私どもの年齢のリアリティがある。

「よく生きる」ことなどできない

私は、こういう本音がもっと語られるべきだと思う。それは声高な「主張」のたぐいにはけっしてなりえないものだが、一種の文学的なまなざしを通して、私たちがどこかにとっておかなくてはならない「小さな声」である。

昔、国家が計画的な「姥捨《うば》て」プロジェクトを組み、何歳か以上の老人を宝くじのように指名して、だんだんに安楽死してもらうというSF小説を読んだことがあった。これに当たった人は、その運命を静かに受け入れなくてはならない。恐るべき優生思想、などと単純に突き放すことのできない発想である。

むろん、年寄りを順に殺していく、人はみなそれを黙って受け入れていくといったSF的発想など実現すべくもない。しかし「長生きは素晴らしい」思想に対して、違和感を唱え続けることだけは許されてもいいのではないか。

違和感といっても、ソクラテスが言ったように、「ただ生きても仕方がない。いかによく生きるかが大切なのだ」などという威勢のいいことを言うつもりもない。「よく生きる」と言えば聞こえはいいが、思想のために国法にしたがって毒杯を仰いだソクラテスを称揚するプラトニズム的な理想など、凡人のよくなしうるところではない。

思想のために命を懸けることがリアリティを喪った今日の日本社会、普通の人は、欲望の視界を徐々に縮こまらせながら、日常的な営みにかまけることで孤独と不安を糊塗《こと》しながら、なるべく迷惑とご厄介にならないように気遣いながら、何だかしょぼしょぼと老いていくのである。

別に「よく生きる」ことなどいまさらできるわけもなく、ゆっくりと老いてゆくのである。長生きしたって、そんなにいいことがあるわけがないが（少しはあることを否定しないが）、それでも長生きしてしまうのである。

「元気老人」の罪作り

日野原重明氏の「イケイケ」思想

ここに、「長生きは素晴らしい」思想の代表選手と言ってもいい例がある。よく知られた聖路加国際病院理事長・日野原重明氏の言説である。

日野原氏は、現在九十四歳、七十五歳以上を「新老人」と呼ぶことを提唱し、ミリオンセラー『生き方上手』(ユーリーグ)を始めとして旺盛な執筆活動、講演活動、ターミナルケアや音楽療法の普及などに驚くべき精力を注いでいる。生涯現役を地でいく「元気老人」のシンボル的存在だ。

これまで書いてきたことから容易に察しられるように、私はこの種の「イケイケ」思想の単純さにどうしてもついていくことができない。

高齢者の心身の状態や思惑はさまざまだろう。「さあ、うさを忘れて歌えや踊れ」といくら呼びかけられても、そんな気になれない人がたくさんいるにちがいない。かくいう私もその一人である。

乱暴な比喩になるが、この種の「イケイケ」思想は、「差別のない明るい社会、国民のみんなが幸せを分かち合える社会を作りましょう」などと街宣車でがなり立てるどこかの政党のアッピールに似ている。

街を行き交う人々のほとんどは、そんな声などどこ吹く風と無視している。単純なイデオロギーのあほらしさに迎合するよりも、自分たちの私生活的な関心でいっぱいなのだ。

それで、この種の「イケイケ」傾向に対してアンチテーゼを出して抵抗してみたいのだが、じつは、日野原氏のご子息が私の高校時代のクラスメートだったということもあって、何だか正面切った批判がしにくい（もうしてしまったか）。

しかし感じることをきちんと表明しないのは、物書きとして失格である。なるべく失礼にならない範囲でやってみよう（もうじゅうぶん失礼なことを言ってしまったか）。

「念仏」を唱えるようなもの

たとえば日野原氏は、「人生百年を期しての生き方上手」と題する講演で、次のように発言している（二〇〇四年十月一日、東京新聞フォーラム）。

六十代、七十代を過ぎても、今までやったことのないことに挑戦することも大切です。

それには冒険心と勇気がいります。勇気と冒険心こそが若さなのです。（中略）

やり終えなければ死ねない計画を立てて「達成するんだ」と決心すると、生きる力が不思議に生まれます。みなさんの生命力は、どのように行動するかで変わってきます。環境によっても変わります。（中略）

私の患者さんで二回がんの手術を受けた社長がいます。がんを忘れるために絵を勧めると「ぶきっちょだからだめ」って言うんです。そこで、女性の画家を紹介したら毎週のようにアトリエへ通うようになりました。初めは静物ばかりでしたが、このごろは裸婦を描いている。武骨な社長さんが三十分くらいでサーッと描いてしまうんです。この社長さんにはもともと絵が得意な遺伝子があったのですが、発揮する場がなかったんですね。皆さんもいろんな遺伝子を持っているんです。下手でもいいから勇気を出してやってみると、相当なことができます。（中略）

年を取ってから元気に生きるためには、いろんなものに関心を持つことが必要です。「年だから」と言わず、トライする勇気を持ってください。いまあなたが六十歳だとしたら「八十歳になったらあんなふうになりたい」と思う理想の人を見つけましょう。そして「何をやっているのか」「どうしたらそういう顔になるのか」とじかに聞くのです。年を取っても、自分がよくなるための努力は欠かさないでいただきたいと思います。

年とっても若さを保つ秘訣が語られている。要するにいつも新しいことに挑戦する心構えを忘れずに、心身を自然環境、社会環境に向かって開いておくことが大切だという教訓の繰り返しである。「いつまでも元気で長生きをしたい」と思う人にとっては、まさにそのとおりであって、取り立てて批判すべきことではない。

日野原氏はお医者さんである。

お医者さんは、「個体」の生命尊重主義を第一に立てなくてはならない。その立場からすれば、長生きと、よい長生きの仕方とを勧めるのは、まあ当然である。また、こういう説を聞かされて、本当にそうだなあと感じられる人に対しては、その「薬効」は、たしかに大きなものがあろう。

日野原氏自身が「元気老人」の生きた見本なのだから、私もぜひあんなふうに生きてみたいと思っている人にとっては、その効果は絶大というほかはない。ただしその薬効は、多くの人にとって、一時的な慰めの意味しか持たないだろう。それは、ある宗教の信者にとっての、「お経」や「念仏」のようなものだ。

日野原先生の話を熱心に聞こうとする構えそれ自体が、日野原教の念仏を唱える用意ができているということなのである。

どうあがいても「若さ」には勝てない

私は、ここで語られていること「そのもの」に、別段の異議があるわけではない。じっさいに元気づけられる人がたくさんいる以上、私はけっして日野原氏的な言説の、それなりの「役割」を否定するつもりはない。しかし、あることを「語ること」は同時に何かを「語らないこと」でもある。問題は、この種の言説が、「何を語っていないか」である。

ここにいちばん欠落しているのは、「老い」というものが、どんなにあがいてみても、「若さ」に比べれば力の点で格落ちした状況だという認識である。「若い者にはまだまだ負けない」と言ってみても、またじっさいそのように実践できたとしても、しょせんは元気を気取る域を出ない。しょうがないから「やっこらさ」と腰を上げるのである。まさにそのように気張らなくてはならないということが、「若さ」の力には勝てないことを証明している。

日野原氏のような存在は、ほかにもたくさんいるだろうが、それでも選ばれた特別な存在である。そういう人が「この私のように考え、行動すれば若さを保てるのだ」と身をもって証明してみせても、「だれもがそんな同じようにはできませんよ」というつぶやきを消すことはできない。なぜなら、それが平均的に見て、「老い」というものの紛れもなき実態だからである。

次に、日野原氏が「語っていない」ことは、人生のたそがれに必然的に伴う悲哀感情や「終わりつつある」という心境、悔恨とともに過去を回顧せざるをえない独特の心理についてである。

もちろん日野原氏は、そんなことは百も承知だからこそ、何とか元気を奮い起こせと鼓舞しているのだろう。しかし、そのようにただ一方的に元気づけを施すことが、そうした心境にある人に対して、何らかのポジティヴな効果を生むだろうか。

私にはどうもそうは思えない。それはちょうど、鬱病の人に、そんなにふさぎ込んでいないでもっとものごとをポジティヴに考えなさいと忠告しても、逆効果にしかならないのと似ている。

けっして触れられない問題

さらに、日野原氏の言説が触れていない（その「お医者さん」的言説の性格上、触れることができない）点に、人間はただ個体生命力として存在しているのではなく、さまざまな生活関係の負荷を背負って生きなくてはならないということがある。

老いの過程に入ると、この生活関係の負荷は、当人や周りの人々にとってネガティヴなものとして現れることが多い。これは、介護の苦労や介護される側の心理的負担などのことだけを言っているのではない。

たとえばある人々は老いを重ねるほどに、若い人たちの会話についていけなくなり、いらだちを表したり頑迷になったりする。周囲はそれが彼の孤独感に根ざしていることを察知するものの、両者の断絶は簡単には埋めがたい。だから、たとえ老人の人格を尊重する気持ちが周囲にじゅうぶんあったとしても、どうしても深層心理的に、老人の存在を疎《うと》ましいものとして片隅に追いやりがちである。

また、高齢者が死に近づいてくると、その扱いや財産継承をめぐって、兄弟姉妹間に思惑のズレが生じやすい。だれがどんなかたちで面倒を見るのか、遺産はだれがどのように相続するのか。この種のことが頭をよぎらない周囲の人などほとんどいないだろう。

日野原氏の言説からは、どこをどう押しても、こうした「人間関係のしがらみ」にまつわる厄介な葛藤の問題が浮上しないのである。

さらに彼の言説がけっして触れていないことがある。それは、高齢者のエロス問題、恋愛・性愛問題についてである。

高齢者の性の問題が、さまざまな波紋を巻き起こしていることは、いま水面下で少しずつ語られ始めている。人間のエロス的な意識は、年齢が高じてもそう簡単に枯れきらないようだ。

人間が異性を求める感情は、生殖目的に直接結びついてはいず、また直接の性行為や肉体的な性欲の充足だけをめがけてはいない。それは人恋しさという心的なかたちをとるので、いくら年をとっても完全になくなってしまうということはほとんどありえない。

永年暮らしてきた中高年夫婦がセックスレスになり、それでも習慣と惰性から夫婦関係を続けていく場合、その間の心理関係の綾は、どのように処理されていくべきなのか。夫が性関係を強要しても、妻がそれを拒否する。逆に妻がひそかにそれを求めていても、夫がすでに妻に対して性的関心をなくしていたり、不能だったりする。こうした場合、それぞれが諦めていくしかないものなのか。

また、不倫の問題はどうだろうか。

たとえば夫に若い愛人がおり、妻はそれを薄々あるいはよく知っていたりする場合、妻はそのことに耐えなくてはならないのだろうか。夫はどのように決着をつけるべきだろうか。妻が離婚を考えたとしても、妻の側に決然とそれを申し立てて一人で生きていくだけの経済基盤や勇気があるだろうか。

また、小林照幸氏の『熟年性革命報告』（文春新書）などによっても明らかなように、老人ホームでは、深刻な三角関係にまで発展するような恋愛沙汰や、体が利かなくなっているのに介護者の体にしつこく触ろうとする老人男性の問題などが頻繁に起きるらしい。これらを単に、痴呆老人の見苦しく滑稽なあがきとあざ笑って済ませることはだれにもできない。

もう何十年も昔の話になるが、私の遠い知人で、会社役員から政界に打って出て、大臣にまで登りつめた人が、絶頂期から下り坂になったころに突然脳梗塞で倒れ、以後長い間寝たきりの介護を受けていた。噂で聞いたところによると、その間、彼は終日、自分のオチンチンをいじってばかりいたという。笑えない話である。

日野原氏が推奨するように、老人の元気な活力をできるだけ引き出して、それを生かそうとすればするほど、それは「いつまでも枯れきらない」ことを同時に勧めることになる。したがって、エロスの面でも「困った元気」を発揮する可能性が高まるはずである。「美しく老いる」とか、「いつまでも元気で」などの美辞麗句をいくらちりばめたところで、それらの言説は、老いを迎える人々の人生の実相の上澄みをすくい取るだけである。その現実生活の最も具体的な場面には触れてこない。

日野原氏的な言説は、心身の活力の残影をただ「社会的な役割」として活用するという面にのみ、その言及の範囲を限定している。エロス問題の厄介さに関しては視野の外なのだ。

「生き方上手」より「諦め上手」

たとえば、作詞家で作家の阿久悠氏は、最近、情痴の果てとか狂乱の恋とかいった高年者の生々しい犯罪が目立つことに触れて、こんなふうに書いている(産経新聞二〇〇五年十一月五日付)。

時代は高年者社会—ぼくも入る—で、高年者に元気であって貰わなければならない。だから、励ます。煽《おだ》てる。ワッセワッセと風を送って世に出させようとする。それは結構、ありがたい話だが、いつまでもお元気での解釈を誤解させると、とんでもない悲喜劇が起きる。

人間は有限の生命体で、しかも消滅するのではなく、衰弱するように出来ている。だから、衰えるものの選択を自分の知恵でしなければ、犯罪にもつながるのだ。諦め上手か、諦め下手かで、長い人生の幸福は決まる。

「生き方上手」ならぬ「諦め上手」——難しいけれど、なかなかいい言葉である。

日野原氏的な言説の厖大な賛同者たちは、少しわが身の衰え具合を振り返って、スパイスの効いた阿久悠氏の語り口を嚙みしめてみてはどうだろうか。

最後に、少しばかり意地悪なとどめを刺しておく。

日野原氏(や、一線で元気に活躍している高齢者)のようなとびきりすぐれた人が、その活躍ぶりを公衆の前に示せば、多くの人々は、「老いてますます盛んで、なんてステキなんでしょう」と感心するだろうが、そこらのふつうの老人が歩いていたとしても、だれもステキだなどとは思うまい。

有名でも活躍しているわけでもない、そして元気になれないふつうの老人が、日野原氏のような人を見たら、自分とのあまりの差を見せつけられて、かえってがっくりしてしまうのではないか。「罪作り」とまでは言わないまでも、そういうことが起こりうるということだけは知っておいたほうがよい。もちろん、これは日野原氏が悪いわけではないが。

みっともないぞ、アンチエイジング

「長生きこそ最大の誇り」？

加齢を英語でエイジングという。エイジングに抗するのがアンチエイジングである。

超高齢社会になると、どうしてもアンチエイジング熱が盛んになる。いつまでも若く美しくありたい、周りから年寄りと思われたくないというのは、どの人にも共通した思いであろう。

そこで学界から産業界まで、こうした欲求や悩みに応えるために莫大なエネルギーが傾注されることになる。介護などの福祉産業以外でのシルバー市場がこれから隆盛を極めることは避けられない。

たとえば、小林照幸氏の『熟年恋愛講座』（文春新書）には、次のような例が紹介されている。

二〇〇三年の八月、『特定非営利活動法人（NPO）アンチエイジングネットワーク』（事務局・東京都港区）が誕生した。アンチエイジングネットワークは「美しく楽しく生きられる人生を目指して」と題して、以下の五ヶ条を掲げた。

一、いくつになっても男と女。
二、肌の若返りは心の若返り。
三、バランスのよい食事と適度な運動。
四、よく笑い、よく話し、そしてよく噛む。
五、長生きこそ最大の誇り。

アンチエイジングネットワークは、
「診療の場との連携（各専門家クリニック・ドック、病院、メディカルエステ）」
「サポートする企業・関連産業（製薬会社、医療機器会社、化粧品会社、健康関連会社、保険会社)」
「関連専門分野のネットワーク(大学、研究所、NPO法人、各界専門家)」
「啓蒙活動(シンポジウム・講演会の開催、インターネット、書籍出版)」

この四つの活動を有機的に結びつけることを目指している。アンチエイジングという言葉を、社会にまず定着させることが同ネットワークの活動の第一歩である。

いやはや、である。こうした組織的な流れが主流になっていくのだろうか。

もちろん私とて、自分から老け込みたくはない。年齢にふさわしいオシャレもそこそこして、人とは明るくしっかりとつきあっていきたいと思っているし、現にそうしているつもりである。老化防止も無意識のうちに試みているにちがいない。

しかしである。こう華々しく単純明快にやられると、ひねくれ者としては、「年寄りはあまりはしゃぎすぎずに、そこそこ分をわきまえたら」と、皮肉の一つも言いたくなってくる。自分がそういう流れにほいほいと乗る気にはなれないからである。

羞恥心なきイデオロギー

この傾向を一種の「思想」と見なすとき、それは、有無を言わせぬ「正論」の様相を帯びてくるだろう。そうなると、かつての「年寄りは年寄りらしく」という思想は、とんでもない旧思想としてどんどん片隅に追いやられ、やがては葬り去られてしまうことになる。

明るすぎるのである。翳《かげ》りというものが感じられない。

人がふつうに身につけておくべき羞恥心が見られない。

どうして「長生きこそ最大の誇り」なのか、よくわからない。

長生きすることで、周囲に疎んじられることもあれば、対人関係で、これまでには考えられなかったトラブルの発生も予想される。老人ホームで、痴呆が進んだ人たちが起こす性的なトラブル、嫉妬や恋愛感情の葛藤などには、施設の人々も対策に困り果てているそうである。

長生きは、さまざまな条件の単なる結果であって、心がけでどうなるものでもない。むしろ大事なのは、長生きしてしまったときにどう振る舞うかではなかろうか。そこで思うのだが、「年寄りは年寄りらしく、分をわきまえて慎しく」というのは、そんなに振り捨てるべき考え方だろうか。

たしかに人間は、「いくつになっても男と女」である。高齢になっても元気であるということは、性的にもその可能性があるということだ。

人生の終末が見えてきて、それゆえにこそ最後の残り火をかき立てたいという気持ちもとてもよく理解できる。もう思い残すこともなくなり、経済的、身体的な条件にも恵まれた高齢者が、人に迷惑をかけないかぎり自分の人生を燃焼させたいと考えるのは、当然の成り行きだとも言える。

だがそれは、どうしようもなくそうだという「事実」を語っているにすぎない。だれもがアホをやってしまうものだという意味でなら、人はまさしく「いくつになっても男と女」なのである。

自分はいい年をして相変わらずアホをやっているなという自覚が伴っているなら、それはそれでよい。ところが自覚がだんだんなくなってくるのが加齢であるから始末に悪いのだ。「人間はいくつになってもアホをやるものだ」という事実を事実として承認することと、「ともかく長生きして大いに第二、第三の青春を謳歌《おうか》すべきだ」と推奨することとの間には、大きな違いがある。

この「謳歌すべきだ」というイデオロギーが、私にはとてもニュアンスを欠くものと感じられるのである。大げさに言えば、プラカードを持って「高齢者に若さを！」と要求している強制的なかけ声のように聞こえるのだ。

年齢にふさわしい振る舞い方を

私の言っていることは、微差の問題に見えるかもしれない。しかしじつは微差ではない。

杖をついたり車椅子に乗るようになったりした高齢者が、性的なことに手を出したり恋愛沙汰にはまったりした場合、その切なさを理解することは必要であろう。しかしそれは、周囲の立場からすれば、あくまで「理解してあげる」「優しく見守ってあげる」という範囲のことであって、大いに推奨すべきこととはどうしても思えない。ことがトラブルに及ぶ場合には、それを周囲は仕方なく我慢しなくてはならないのである。

無理な元気やはしゃぎすぎが周囲に悪影響を及ぼす可能性があるのは、年齢にかかわらず言えることだ。しかし、とりわけ年をとればとるほど、その可能性が増すということだけは心得ておくべきである。

迷惑や悪影響という現実的な意味だけでなく、美意識の面からも、「人はそれぞれその年齢にふさわしい振る舞い方を」という考え方をそう簡単に見捨ててはならないように思える。もう格好をつける必要もなくなったと感じてアホをやるなら、ひそかに、自覚的に、かつ羞恥心を手放さずに。

本書の冒頭で引いた『徒然草』の一節――「そのほど過ぎぬれば、かたちを恥づる心もなく、人に出で交らはん事を思ひ、夕の陽に子孫を愛して、さかゆく末を見んまでの命をあらまし、ひたすら世をむさぼる心のみ深く、もののあはれも知らずなりゆくなん、あさましき」を思い出してほしい。

以前書いたことだが（『中年男性論』筑摩書房）、トーマス・マンの『ヴェニスに死す』のなかに、人生のたそがれを意識し始めた主人公アッシェンバハが、連絡船のなかで、青年に混じって無理な若作りとはしゃぎぶりを示す老人の振る舞いに触れてたまらない嫌悪感を抱き、「世界全体が奇態な醜悪なものに歪められて行く」ような感じに襲われるシーンが出てくる。

しかしアッシェンバハは、あのロマンティックな都ヴェニスで出会った美少年にたちまち魅《み》せられ、少年との接触の欲望にせき立てられる。そしてみずから床屋に飛び込み、髪を染色し、頬紅をさし、赤ネクタイに色リボンのついた麦わら帽子という装いで自分を飾り立てる。つまり嫌悪を抱いたはずの老人と五十歩百歩の振る舞いに及んでしまうのだ。まさに年甲斐もなく。

ここには、枯れきらない内面の情熱が、他人が自分をどう見るかという分別ある自意識を凌《りょう》駕《が》してしまった事実が語られている。体と心のアンバランスと言ってもいいし、自分の「若いつもり」と、他人がその年齢をどう社会的に位置づけるかとのズレと言ってもいい。

ハゲはそのままさらすべし

仮に「年甲斐もなく」と言われたくないと思ったとしても、どう振る舞えば「年甲斐」にふさわしいのか、自分自身の内面はそれを正確には教えてくれない。自分の「つもり」と他人の評価とはいつも食い違ってしまう。しかも自分が他人の目にどう映っているかを他人ははっきりとは言ってくれない。もともと自意識や対他意識というのはそういう構造をしているのである。

アンチエイジングの試みは、度を超すと明らかにみっともない。オバサンの無理をした厚化粧やオヤジのカツラや増毛。カツラや増毛はけっこうわかってしまう。生え際のあたりが妙に不自然なのだ（もっとも、わからない場合は人の目を引かないわけだから、それでいいということになる。わかってしまうのは、安物を使っていたり処理の仕方が拙劣だからなのかもしれない）。

小林信也氏の『カツラーの秘密』（草思社）という本には、いったんカツラをつけることを決意すると、その後いかにたいへんな努力と経済的な負担を覚悟しなくてはならないかが、自身の体験をもとにユーモラスに描かれている。男の自意識にとってハゲは相当大きな問題であることがわかる。

しかし、若ハゲの場合はともかくとして、私個人は、一定の年齢になったらハゲ頭をそのまままさらしたほうがいいと考えている。一般に、女性は（女性だけではなく他の男性も）、男性のハゲを、本人が気にしているほどには気にしていない。

もちろん、ハゲの男性を嫌う女性もいくらかはいる。しかし禿《は》げているかいないかだけで男性の価値を判断するような女性とはつきあわなければいいのである。

というよりも、禿げていることを本人が過剰に気にしていると、その自意識そのものが表れ出て周囲に見抜かれ、かえって他の美質が隠されてしまうのである。そのデメリットのほうが大きい。

むしろ「あまり気にしない」という精神の姿勢それ自体が、美質としてにじみ出るものなのだ。年輩の女性のちゃらちゃらした派手すぎる装いや無理な若作りにも同じことが言える。

それにしても、これらのことに度を超した努力を重ねている本人たちは、どこまで実態と装いとの滑稽なズレを自覚しているのだろうか。やはり、他人にしかわからないから、本人たちはそれでいいと思っているのだろうか。そうだとすればたしかに切ない光景ではある。

切ない光景ではあるのだが、お互い、ほどほどにしておこうではないか。「年寄りは年寄りらしく、分をわきまえて慎しく」という思想は、なかなかに捨てがたい。私はそう思う。

ニヒリズムとしての健康強迫

健康食品に群がる女性たち

先日の夕刻、街を歩いていたら、中高年女性がぞろぞろとバス停に急いでいた。

以前にも別の場所でよく似た光景に触れたことがあった。そのときは、大通りの片側を、ほとんど行列を作るようにして、年輩の人たちが歩いていたのだ。何だろうと思ったら、さる新興宗教の教会が近くにあって、法会が行われていたらしい。

それで、今度もそのたぐいのものかと思ったのだが、近づいてみると、そうではなかった。下駄履き住宅の一角に閉店してしまった店があり、そこを臨時に借りて、自然食品だか薬もどきの健康食品だかの説明会をやっていたのだ。

よく観察もせずに通り過ぎてしまったが、壁面いっぱいにあまり美しいとは言えない張り紙が張り巡らせてあって、いかにその効果が絶大であるかが謳われている。

説明会がちょうど終わったところらしく、かなりの人数の中高年女性でごった返している。男性の姿もちらほら見えるが、数は圧倒的に少ない。

これまでさまざまなかたちで民間に出回ってきたのと同じたぐいのものであろう。高血圧やガンや心臓病や糖尿病に効くことを宣伝文句にした代物だ。おそらく錠剤にしたものを瓶詰めなどにして、一カ月分何万円くらいの値段で売りつける、よくある商法ではなかろうか。

悪徳とまでは言わないまでも、何だかいかがわしい雰囲気である。勧誘の手口はいろいろあるのだろうが、たいして人口も多くない郊外の私鉄沿線駅の町で、ともかくこれだけの中高年女性を集めるのは並みではない。

友人同士のような口を利いていた女性たちが多かったから、ほとんどが集団単位で参加していると見える。口コミで情報を知り、揃って出かけてきたのだろう。

一億総「健康オタク」

この光景をわざわざ取り上げたのは、こうした「自然食品」だか「慢性病の特効薬」だか「健康食品」だかに群がる中高年の人々の雰囲気が、かつて見た新興宗教に集まる人々のそれとどうしても重なってしまうことを指摘したかったからである。

「健康」というテーマは、現代人の、特に中高年層の不安に大きく訴えかけるテーマである。健康が何よりも大切、と言えば、だれもがそれに逆らうことはできない。

町の大型雑貨チェーン店のフロアーを一回りしてみると、いやはや、「健康と美肌」関係の商品の多さに驚かされる。大して効果があるとも思えないのだが、これだけ商品が出回るからには、大きなニーズがあるのだろう。

またスーパーで売られている生鮮食料品以外のあらゆる食品には、賞味期限とカロリーが明記されているし、ファミレスなどのメニューにもいちいちカロリーが書かれている。

たばこの箱にも、美しいパッケージデザインを無視する如く、「たばこの煙は、あなたの周りの人、特に乳幼児、子ども、お年寄りなどの健康に悪影響を及ぼします」とか、「喫煙は、あなたにとって心筋梗塞の危険性を高めます」(「あなたにとって」という文句は日本語として不要でしょう）などの文字が、でかでかと躍るようになった。

自然食のお店やエステ、マッサージ、リフレクソロジー、フィットネスクラブなどもやたら目に付く。これらの業界では、いかに現代人が有害食品の危険や心身のストレスにさらされているかを強調して、「美容と健康」という理念を消費者に浸透させるために激しい競争を繰り広げている。

たまに医院に行って検査を受けると、医者はコンピュータの検査結果をにらみながら、やれγ-GTPの数値がやや高いの、悪玉コレステロールが少し多いのと、まるでそれだけが診断の根拠であるかのように指摘し、その結果にしたがって処方を出す。

言われたほうは、それにしたがわざるをえない。医者も患者も、患者本人の自然の体調や自覚症状の有無などが大きな意味を持つことを忘れて、「数字信仰」に籠絡《ろうらく》されているように思える。

先進国住民はみな、我知らず「健康オタク」に陥っている。

注ぎ込まれる厖大な金

いや、だれもがこれらの数字や表示や警告に金縛りにあっているわけではない。また、だれもが健康食品に夢中になっているわけでもない。厳密にカロリー計算をやって食事制限をしている人ばかりというわけでもないだろう。

ただ何となく滑稽に思えるのは、それらの疑似科学的とも宗教的とも言える環境のなかに私たちの生活がどっぷりと浸かっていて、だれもが知らず知らずのうちに、そうした小うるさい数値や表示や警告を気にせざるをえなくなっているという事実である。これらの数値や表示や警告を社会的な表現として定着させるために、厖大な人的資源や金が注《つ》ぎ込まれていることも疑いない。

いったい、健康維持を目的として作られた市場を全部合計したら、何兆円産業になるのだろうか。

私自身はと言えば、こうした健康ブームからまったく超然としているわけではないが、適当につきあうといったスタンスで日々を送っている。糖尿病でインシュリン療法を行っているため、二カ月に一度ほどの通院が欠かせない。しかし、格別食事療法や運動療法を心がけているわけでもないし、飲酒や喫煙も、そうしたいときに勝手にたしなんでしまう。

医者から、悪玉コレステロールの数値を下げるためのクスリを処方されれば、一応は服用するが、常時携行しているわけではないから、外出したときなど忘れてしまうことも多い。かなりいい加減である。

賞味期限が切れている食品でも、気にせずに食べてしまうことが多い。食べるときに明らかに腐って見えたり、いやな臭いや変質した味がしないかどうか、数字よりも、そういう自分の感覚のほうを信じているのである。

私はこのように、健康の自己管理に対してどちらかといえば「不良」である。そのせいか、現代日本の、健康に対する微に入り細をうがった過剰な心配り、健康オタク的な雰囲気には、かなり皮肉な批判意識を持っている。

たとえば、栄養士などの指示に従って厳密なカロリー計算のもとに日々の食事を摂取していたとしても、つきあいで一回暴飲暴食してしまえば、ふだんの心がけはおじゃんである。ちょうど、倹約を心がけていたのに、一回高価な品物を衝動買いしてしまったら水の泡になるようなものだ。

喫煙者もベジタリアンも同類

同様の健康オタク的傾向は、たばこに対する反応においても見られる。

ここ数年、公共空間での禁煙エリアが次々に広がり、嫌煙家と愛煙家との対立や分煙の工夫がさまざまに演じられている。もちろんこのせめぎ合いは、迷惑をかける可能性を持つ側の愛煙家に分が悪く、彼らはしぶしぶ「時代の流れ」を受け入れつつ、「これはファシズムだ」という陰口を漏らすことで甘んじている。

先ごろイタリアで、レストランなどでの喫煙者を見つけたら店主が警察に通報することを義務づけ、違反すると多額の罰金を科せられる法律が成立したそうだ。正直なところびっくりした。イタリアというのはいい意味でも悪い意味でも、その爛熟の歴史ゆえに、もっといいかげんな国だと思っていたからだ。

この種の法的な強硬措置がいい効果をもたらすとはとても思えない。

私はたばこを吸ったりやめたりした経験を何度か持つ。その経験を通して、なぜ多くの人は酒、たばこ、麻薬などを「わかっちゃいるけどやめられない」のかについて少しばかり考えてきた。

結論として出てきたのは、「すべての人間は本質的に中毒存在だ」という命題である。何も愛煙家を擁護しようと思ってこんなことを言うのではない。喫煙行為が、ある条件下で他人に迷惑を及ぼすのは明瞭で、その限りで嫌煙家の主張は正当である。ことに人混みでの歩きたばこは絶対にやめてもらいたいと私自身も思っている。

しかし、たばこは健康に悪いという一見強力な「医学的真理」を私は信じていない。一日に百本吸ってぴんぴん生きている人もたくさんいる。人間は精神衛生の保持という面倒な課題を抱えているから、適度の嗜癖《しへき》は当人の健康にとってよいという逆の「真理」も同じくらいに成り立つのだ。

精神衛生を保持しなくてはならないのは、人間が中毒存在だからである。その心は、「絶えず意識を何かの行動や信念や目標に差し向けていないと気が落ち着かない存在」というところにある。

私たちは身体の現在に休らうことができず、いつも「気分」を状況から浮き上がらせ、その浮き上がりの着地先を求める。それが結果的に嗜癖であったり、好奇心であったり、宗教であったり、健康こそ大切だという信念であったり、ビジネスへの熱中であったり、強圧的な制度であったり、さらには、芸術や科学であったりさえする。

だから人間が中毒存在だという命題は、嗜癖に耽《ふけ》る人ばかりでなく、逆に衛生や健康を過度に気にする人たちにも当てはまるのである。

科学が核兵器を生んだように、何事も過度の「中毒」がよいはずがない。人は一人で生きているのではないから、本人のみでなく、必然的に周りの人にも悪影響を及ぼすことになる。したがって、人権社会を逆手に取った「愚行権」などというリバータリアンの屁理屈も私は認めない。

何年も前にツアーで同行したあるベジタリアンが、既定の昼食を拒否して無理な注文を出したために、ウェイトレスが怒りを爆発させる光景に接した。私は当然だと思った。歩きたばこと同じ迷惑をかけているのだ。

信念に固執せず、「いずこも同じ中毒患者」であることを互いによく自覚し、適度な寛容と場にふさわしいマナーとを失わないようにすることが、共存共栄に結びつくのだと思う。これを「いい加減」と言う。

BSEへの過剰反応

さらに、こんなことを書いたらただちにその筋から叩かれることを承知のうえで言うが、BSE対策や鳥インフルエンザ対策に関するメディアの報道もいささか過剰ではあるまいか。

もちろん、行政の関係各局には、それ相応の対策を講じてもらわなければ困るという考えに異議はない。しかしなにやら大げさに思えるのは、いますぐ身近な日常のなかで差し迫った危険にさらされているのでもないのに、「これはたいへんなことだ」と言わんばかりに報道するその姿勢である。

私たちは、行政の関係各局がどれほどきちんとチェックしているのか、あるいはずさんなのか、限られた情報では知ることができない。またその問題だけをとらえて詳しい情報を知ろうとする意欲も機会も一般人は持ち合わせていない。だから私たちは、それが一応行われていると信じるしか方法がない。

そしていったん信じることにすればまた、「この私」がBSEに感染した牛肉を食べる確率は、限りなく低いと考えるほかはない。私は松屋や吉野屋をふだん利用しないが、機会があれば平気で利用するかもしれない。スーパーの牛肉は絶対安全だという保証もないが、安全と信じて、というよりもそんなことはあまり気にしないで買うしかない。

先進国住民の健康と安全を守るという「建て前」を貫くためには、かくも繊細な神経を配り、かくも大きな物的・精神的なコストが必要とされるのか。私はこうした社会全体の傾向が、個々の生活者の常識的な身体感覚と地続きになっていない事態にしばしばあきれることがある。

本当にそんなに不安なのか

何年から何年の間にどこそこで生まれた牛はすべてBSEに感染している疑いがある
←
だれひとりBSEに感染してはならない
←
その牛を絶対に輸入してはならない
←
完璧な検査態勢を絶対に確立しなくてはならない
←
さもないと感染牛がほかならぬ〈あなた〉の口に入る恐れがある

こうした直線的な連想と因果の論理によって、遠かったはずの問題が、一気に一人一人の「この私」の問題になる。そして私たちはこのメディアが作り出した論理によって不安をかき立てられる。

でも本当のところ、私たちはそんなに不安なのだろうか？　仮に不安だとして、それをどう処理すればよいというのか？　適当に情報を受け流す以外に方法はないんじゃないか？

思い起こせば、わずか数十年前、私たちは、ハエのたかった食物や、腐りかけた食物を平気で食べていた。ウジの湧いた汲み取り便所や腐敗したゴミでいっぱいのゴミ箱がどの家にもあった。お百姓さんが牛に荷車をひかせ、その荷車には、肥え桶と隣り合わせに白菜などの野菜が載っており、それを町の人たちは買って食べていた。それでも私たちはけっこう平気で生きてきた。

もちろん、疫病の蔓延《まんえん》のために命を失った不運な人もたくさんいただろうが、まあ、大体は適当に生き抜いてきたのである。

近代化によってこうした非衛生状態が改善されたことはむろん、素直に喜ぶべきことだ。しかし、問題は、ある一つの連想ルートが発覚して言挙げされると、その連想ルートの断ち切りのためにわっと精力が注がれる（そしてそれが波及してときには多方面で風評被害が発生する）という情報社会の力学が、どこか倒錯して見える点である。

自己目的化した「健康維持」

私たちの日常的な関心のありようは、喫煙やBSEや鳥インフルエンザの危険などより、もっと切実で気になる問題に支配されている。たとえば、だれと、どうかかわって生きていくのかといった問題などはその一例である。

しかし、拡大した情報空間と生命・安全・健康至上主義、過剰な衛生思想とが結託したことで、私たちは、自分たちにとって何が最も切実な関心事であるかを見失っているのではないか。食生活の安全や病気の危険にかかわる情報は、いかにも身近らしく思えるテーマである。だから、それについてメディアの大騒ぎがあると、私たちの脳から、日頃の切実な関心が追い出されてしまうのだ。

拡大した情報社会がもたらすこの一種の倒錯は、そのまま私たちの日常意識の倒錯にもつながる。ある情報によって与えられた観念と、適当に行動していれば済むはずの生身の身体とが、一人の人間のなかで乖離してしまうと言ってもよい。

育ち盛りの子どもたちの健康に神経を使うのは当然だとしても、私たちいい年をした大人が、自分たちの健康維持を一種の自己目的として、そのために過剰な神経を使うような文明社会の大げさぶりは、どこかおかしい。

　というよりも、この項のはじめに挙げた例のように、何のための健康なのかが忘れられて、「健康維持」という題目だけが一人歩きし、一つの宗教的な「お札」と化してしまっているのだ。

　では、その健康維持のためにたくさんの時間や金を費やし、そのために長生きが実現したとして、その長生きして得た時間で何をするのだろうか。やっぱり健康維持のために時間や金を費やし続けるのだろうか。

　健康維持や治療のために私たちは生きているのではない。健康維持や治療はあくまで充実した毎日を送るための手段にすぎない。健康は活動のための外的な条件であり、枠組みである。

　そのことを忘れてそれらを自己目的化させれば、その維持できた健康を枠組みにして何をするのかという問いに直面したとき、枠組みの中身は空っぽであることに否応なく気づかされるだろう。なぜなら自己目的化された「健康幻想」にすべての意識や行動が向けられてしまうからだ。

考えるべきことは、ほかにある

　こういうことになるのも、結局は私たちの社会が平和で、ある程度の余裕ができて、退屈な社会になっているからだろう。健康や長生きを自己目的とするような意識が支配的な社会は、いわば一種のニヒリズムの社会である。

私は、危機待望論者ではないし、だれに対しても創造的精神を求めるような理想主義者でもない。また平和がもたらす退屈と堕落に対して、たまらないいらだちを覚えるような精神主義者でもない。ただ、健康強迫に追いまくられるような人々の生態を見るにつけ、その前に、もう少しふつうの人にとっての生きる課題の輪郭ともいうべきものをはっきりさせるべきではないかと考えているのである。

ことに空虚に陥りやすい高齢者の毎日を想像するとき、その時間をどんな活動によって埋めたらそれなりに充実するのかという問いが頭をもたげてくる。先に、適度な労働によって社会とのつながりを保つことを最良の方法としたのも、その問いに対する一つの答えである。

働いて社会につながるという情熱の残り火をうまく燃やすことができれば、健康を自己目的とするような思想の呪縛から少しだけ解放されるだろう。なぜなら、仕事にある程度かまければ、必然的にその対象に体力や知力を振り向けることになるからである。健康の不安にばかり神経を費やすような意識は脇に追いやられる。

もういい年なのだから、いまさら健康、健康と血道を上げなくてもいいじゃないか。仮に寿命を延ばすことができたからといって、たかだか数年の違いであろう。周囲の人間は、あなたの長生きなどそんなに望んでいないかもしれないのである。

私は、いかがわしい健康食品の説明会にぞろぞろ集まる高齢者など見たくもないし、自分自身もけっしてそんなふうになりたくない。適当に働いて、適当に道楽し、しかるべき時が来たらさっさとくたばる。なかなかそううまくことは運ばないだろうが、それが理想である。

第三章　老いてなおしたたかな女たち

老いにも通過儀礼を

赤いちゃんちゃんこの意義

よく知られているように、昔は六十歳になると暦が一回りということで、還暦のお祝いをする風習があった。当人は赤いちゃんちゃんこを着て、もう一度赤ん坊から生き直す。つまりは、「老い」を始めるための通過儀礼であろう。

いま、子どもから社会的な大人になるプロセスにははっきりした節目がなくなり、成人式が形骸化してしまったのとちょうど同じように、この風習も廃《すた》れている。それも、自分たちのこれからの人生を展望してみれば、むべなるかなという気がする。

ぽっくり逝くのか、けっこう元気を保ちながら生き続けるのか、ガタがきて気息奄々《えんえん》のまま、周囲に疎んじられて長生きするのか、ともかくどうなるのかがわからない。前途洋々、ならぬ、前途茫漠である。枯れきる節目がどこにあるのかも定かでない。

人が子どもから大人になっていく生理的な過程に対して、近代社会があてがうスタイルは、学校教育である。しかし今日の学校教育はそれ自体が何とも間延びしており、生理的な大人になったあとも延々と続けられる。

このことが、現代日本の若者たちに特有の社会問題、ひきこもり、ニート、フリーター、終わらない「私探し」などの現象を生んでいる大きな要因の一つではないかと私は考えてきた。

そこで、社会的人格の完成を若者に自覚させるために、学校教育とはまた別の、現代社会にふさわしい人為的な通過儀礼が必要ではないかということを提唱した（拙著『正しい大人化計画』ちくま新書参照）。

だが、ふと気づいてみると、老いから死に向かう過程の入り口に自分自身が立たされている。

そして、よく考えてみると、子どもや若者の通過儀礼を社会が喪失しているのにまるで見合うように、老いの過程に関してもそういうものが存在しなくなっている事態に気づかされる。

もちろん、すでにいい年をした大人なのだから、制度的な強制による通過儀礼を設けることなどは考えられない。それにしても、それぞれの内面で、老いていくことに対する精神的な通過儀礼のようなものが必要かもしれないと思う。間延びした二十年。段階的に断念や諦念を促すような、何かうまい方法はないものだろうか。

娘の結婚にはらはらした時代

定年退職というのは、大きな節目の意味を依然として持つだろう。しかし、すでに触れたように、退職者の多くは退職後も働き続けるにちがいないし、日本社会のシステムも、高齢者に働き口を提供するようにしだいにシフトしていくだろう。とすると、定年が持っていた通過儀礼的意味合いは、薄れていくことになる。

江戸時代の武家社会や町人社会なら、「家督を譲って隠居する」という道があった。しかしこれは、「家」という規範と秩序が観念としてはっきりと存在する時代に見合った生の形式である。それも「家督」と称するほどの実態を手にしていた、かなり裕福な階層に限られていただろう。

一定年齢以上の親子二世代が別々に暮らすことの多い現代では、「家督」などという観念は存在しない。同居世帯にしても、親子で別々の仕事をしているケースがほとんどで、家業をともにしている家庭というのは少ない。生きているうちに財産を譲れば多額の譲渡税を持っていかれてしまう。だからそもそも親の世代が子どもの世代に何かを「譲る」という観念が成立しない。

子どもの結婚や孫の誕生は、ある程度まで老いを自覚させる契機になりうるだろう。しかしこれとても、とうてい決定的とは言い難い。

私たちの生活感覚は、別に一人暮らしをしているのではなくとも、すでに個人として生きるという意識でかなりの部分が充塡されている。したがって、子どもの結婚や孫の誕生それ自体によって、さほど意識が変容するとは考えられない。

私と同世代の友人で、先ごろお嬢さんが結婚した男性がいる。また孫が生まれた男性もいる。私は彼らとよく会うのだが、娘の結婚や孫の誕生によって何かが変わったという兆候は見られない。

彼らは別段老けもしないし、以前と同じように仕事をしている。個人としての関心が大きな部分を占めているのだろう。私自身の場合も、娘の婚約や息子の結婚によって、自分自身の何かが変わったとはまったく感じられない。

谷崎潤一郎の『細雪』や小津安二郎監督の映画『麦秋』では、ゆき遅れた娘の結婚がどう運ぶかが、全編の大きなテーマになっている。娘の両親夫婦や姉夫婦、兄夫婦の日常的関心は、この問題に大きく支配されており、彼らはその成り行きにいちいちはらはらしているのである。『麦秋』では、結婚が決まった娘の相手が遠い地方に赴任していくので、その結果、両親は、夫（娘の父）の兄が住んでいる実家の大和で余生を過ごすべく、息子（娘の兄）夫婦の家を出る。

問題が片づいたとき、関係のあり方が大きく変わるのだ。つまり、両親は娘の結婚を機に、自分たちの老いを主体的に引き受けるかたちになっている。娘の結婚が、両親夫婦にとって老いの通過儀礼の意味を持っているのである。

こういう成り行きは、中高年にとっても個人主義的な関心が支配的になった現代ではもうリアリティを持たないだろう。こうして、家族の人間関係の変化が老いの通過儀礼の機能を果たすこともまた、難しいと考えざるをえない。

夫婦生活の「一丁あがり」?

性愛問題に関してはどうか。

何十年も前、私にとってはたいへん近い関係にあったある熟年男性が（この人はちょっと浮世離れした人だったが）、「わが夫婦の性生活は、本年一月一日をもって終わりとすることにした」と表明したことがあった。若かった私は、これを聞いて、思わず吹き出してしまった。この種のことをそんなふうに「決める」というのが、何ともおかしく感じられたのだ。

いまでもこの「表明」のおかしさを思い出すと笑い出したくなる。たしかに夫婦の間では、求める側と求められる側とのズレがそれほど大きくなければ、暗黙のうちに「決まる」というような事態が起こるかもしれない。しかし、仮に夫婦間で実質的にそう「決まった」からといって、それぞれの性が抱える異性を求める心と体は簡単に収まりがつくまい。

すぐ後に詳しく論じるが、高齢者の性愛問題は、男性の場合、性的不能になっても性的好奇心のかたちで持続するし、女性はもともと性愛問題を、より多く心の問題、つまり恋愛関係の問題としてとらえる傾向を持っている。そこで、やはりある年齢に達したら「一丁あがり」ということにはならずに、ずるずると引きずることになるだろう。

ここでも、内面の通過儀礼（枯れきる節目）は、はっきりと設定できないことになる。

こうして私たちは、体と心のアンバランス、自分の年齢に対する自己了解と周りが自分をどう見なしているかとのアンバランスを抱えながら、長い老いの過程を歩んでいかざるをえない。結局、現代で老いの通過儀礼が成り立つとすれば、それは、個々人の内面の過程にゆだねられると考えるほかはないだろう。

桐野夏生『魂萌え！』のリアリティ

華やかなタイトルと寂しい現実

さてここで、熟年者の性愛問題について、少し突っ込んで考えてみよう。

五十九歳で四歳年上の夫を心臓麻痺で突然失った専業主婦のその後の心の揺れをテーマにした桐野夏生氏の長編小説『魂萌え！』（毎日新聞社）はなかなかの出来映えである。だが、そのタイトルとは裏腹に、何だか寂しい印象を残す作品だ。

これは私の勝手な憶測だが、この作品は、老いを前にして一人投げ出された女性が、しだいに過去へのこだわりを捨てて、女としての「魂」を凛然《りんぜん》と華やかに「萌え」出でさせてゆくプロセスを描こうというのが当初のモチーフだったのではないか。新聞連載小説としてスタートしたため、書いていくうちに、その目論見が微妙に違ってきてしまったのではないかと思う。

仮にこの憶測があたっているとして、その変化をもたらしたのは、おそらく作者のすぐれた現実感覚である。

夫の影に守られて世間知らずで優柔不断だった主人公・関口敏子は、たしかに一人で生きていく決意をしだいに固めていくものの、結末にいたるまで、「魂萌え!」と呼べるほどの華やいだ再出立の気配をにおわせてはいない。

作者はたぶん、じっさいに老いから死へと向かうこれからの人生を射程に入れつつ、それでも一人で生きていかなくてはならないふつうの女の心境に忠実に想像力を寄せていこうとした。その過程で、このように寂しげに書くほかはないと感じるにいたったのではないか。そして、かえってそのことによって、この作品は圧倒的なリアリティを表現することに成功している。

夫との関係から自由になってしまった敏子にとって、人生のリセットはどうしてもしなくてはならない課題である。だが、「自由」を獲得した者の単純な躍動やわくわくしたはしゃぎは、ついに訪れてこない。敏子の心は、一人で生きていくことの解放感よりも、最後まで、そろそろとリセットに踏み出していかざるをえない戸惑い感に終始している。

老いを前にした現実とはまさにこういう寂しい戸惑いに彩られたものだと感じさせる作品である。

共同性が成立しない

夫・隆之を失った敏子の前に新しく展開する人間模様をざっと整理すると次のようになる。

まずアメリカで夢が叶わず、事業も思うに任せずに挫折して帰国した息子・彰之一家と、年下の同棲者がいる娘・美保。

それぞれに暮らし向きの不如意を抱えた彼らは、これからの母親をどう遇するかと遺産相続とをめぐって、敏子との間、また兄妹同士で、「醜い」と言えなくもない争いを繰り広げる。

彰之は老母の面倒を見るという大義名分を盾にして、強引に同居を進めようとする。妹の美保は、そこに遺産ねらいの魂胆をかぎつけて反発する。しかし彼らは、善良さのかけらもない純粋なエゴイストというわけでもない。

次に、夫が死んで初めてその存在が敏子に知らされることになった、夫の十年来の愛人・伊藤昭子。

彼女は、夫と同年であり、娘夫婦とともに小さな蕎麦屋を経営している。昭子と敏子は、帰らぬ人を挟んで、憾《うら》みと共感とがない混ぜになった複雑な葛藤を演じる。

次に、高校時代の同期生の女友だち三人。

一人は早くに夫を亡くしホセ・カレーラスに血道を上げている金持ちの栄子。彼女は人の私生活に介入してくるやや強引なところがある。もう一人は、夫と三十代になった三人の子どもと同居している専業主婦・美奈子。そしてもう一人は、子どもはなく、年下の夫と暮らしながら、自宅の一部を改造して高価な洋服やアクセサリーを売るセレクトショップを経営している和世。

さらに、夫が生前通っていた蕎麦打ち教室の熟年男たち。

四人登場するが、重要なのは、師匠格で妻の死後結婚詐欺にあった経験を持つ六十九歳の今井と、洒脱で優しいところもあるが、気障《きざ》な女たらし傾向を持ち、あるきっかけで敏子と一夜の情を交わすことになる六十七歳の妻帯者・塚本の二人である。

また子どもたちとの遺産相続をめぐる諍《いさか》いに疲れてプチ家出をした敏子が、四泊することになったカプセルホテルで出会った奇妙な老婆・宮里と、借金に追われながらカプセルホテルの従業員をしている宮里の甥・野田。

さらに、終結部近くで登場するシニア系投稿雑誌の編集をしている、敏子と同年輩の寡婦・

佐和子の存在も、筋の展開にとって欠かせない。

これらの複雑な人間模様の絡み合いの全容をここで紹介することはできない。だが、肝心なことは、これらの群像の離合集散の帰結が、どれも、敏子にとってこれから生きていく糧としての共同性の成立には至らず、みんな何となくばらばらになってしまう点である。そして、どの人もが、幸せになったとはとうてい言えない。

愛も最後まで訪れない

たとえば息子夫婦は、最初、遺産独り占めの魂胆から母との同居を強引に押し進めようとしていたのに、敏子の拒否にあって、妻の実家があるうらぶれた千葉で、慣れない運送業にあくせくする。挙げ句の果てに妻がアメリカに逃げ戻ってしまうのを追いかける羽目になる。

娘も、同棲者の実家が経営する前橋のしがない酒屋に引っ越してゆく。結束が回復するかに見えた関口一家は、ふたたび一家離散である。

また、隆之の元愛人・昭子は、生前の隆之への断ちがたい思いから鬱状態になってしまい、敏子との間にすったもんだを演じたあげく、心情の解決もないままに寂しく去っていく。老婆・宮里は病院で死に、その間、甥の野田は雲隠れしてしまう。

敏子の友人関係も、栄子の「アルツハイマー」傾向の増進が軸となって、これまでの親しい関係にひびが入り、どことなくぎくしゃくしたものに変貌してゆく。もう元に戻りそうにない。

編集者・佐和子は、毎晩敏子の話し相手になって敏子との間に純粋な友人関係を築いたかに見えるが、敏子が告白した塚本との情事を無断で投稿誌に掲載するという、すっぱ抜き行為をやってのける。もっともそれを友の裏切りとは感じないほどに、すでに敏子の心は世慣れしてきている。

そして、何よりも重要なのは、塚本と敏子との関係の成り行きである。

夫の死後、初めて心のよりどころになるかと思えた塚本は、敏子に小さなウソをついたり、栄子とゴルフ旅行に出かけたり、二度目の逢瀬で敏子の心情を無視していきなり安っぽいラブホテルに誘ったりする。そのため、敏子のなかに、この人は心底から信用するには値しないのだという気持ちを植えつけてしまう。

こうして敏子には、人生のリセットを真剣に追求するに足る「愛」に目覚めるような老後は、少なくとも作品の範囲内では訪れてこない。

しかしそうかといって、すべての関係が不幸に陥ったと断定するにはためらわれる。

敏子をはじめとして、だれもこれまでよりも深刻な不幸を経験するわけではない。強いていえば、不倫相手と添い遂げることも叶わず未練を引きずり続ける昭子がいちばん哀れと言えようか。または無縁仏になりかけた老婆・宮里か。

いずれにしても、この作品には、うまく枯れきることのできない熟年者たちの、それでも日常を生きていかなくてはならないこれからの寂しげな心のゆくたてが、存分に暗示されてあまりある。

結末に近い部分――

「ありがとうございます」

敏子はコーヒーを受け取って、口を付けた。火傷しそうに熱い。

「夜中にこんなに大量のコーヒーを飲むと、眠れないかな」

塚本は心配そうだった。

「そうかもしれませんね。こんな経験したことないからわからないけど」

「でも、これからは沢山するんでしょう」

塚本が楽しそうに言った。

「そのつもりですけど、できるのかしら」敏子は微笑む。「時々ね」

「その時々の相手に誘ってくださいよ」

塚本は調子のいいことを言って、ジャケットのポケットから、二つ折りにした小さな冊子を取り出した。(引用者注：この「冊子」に、佐和子がすっぱ抜いた告白記事が掲載さ

れている)

こんなものだ、という深い納得感がやってくる。

虚無と幸福のまだら模様

何度も繰り返すが、これは、第二の人生を始めようとしている者の華やいだ「魂萌え!」ではありえない。敏子には、たぶん、劇的な恋などは起こらないだろう。そしてそのことが、すでにこれからの人生行程を見渡した敏子自身のなかに、半ば自覚されている。

ただ死に向かってまっしぐらに惨めさのなかに落ち込んでいくのでもなければ、欣喜雀躍《きんきじゃくやく》させるような経験がやってくるのでもない。虚無感とちょっとした幸福感とが、それぞれ希釈されて織り交ぜられ、入れ替わり立ち替わり訪れる。

息子や娘や孫、友人たちとの関係も途絶してしまったわけではない。今日は少し贅沢しちゃったかしらなどと毎日の家計に心を労したり、知人縁者から冠婚葬祭の知らせや遊びの誘いがあれば、いそいそと出かけたりする、それらのありふれた日常が、現実の生活時間を埋めるものとして入り込んでくる。

おそらくそうした長い長い日々が待っているだけなのである。そして身も心もゆっくりと衰えてゆく。それが、ふつうの人の「老い」の過程である。

作者・桐野氏には、敏子の未来がよく見えているものと思える。この女主人公のこれからの時間的な射程のなかにすでに内在しているものをきっちりと視野に収めている。

歌人の道浦母都子氏の歌に、

四十代この先生きて何がある風に群れ咲くコスモスの花

というのがあったが、この四十代を六十代に置き換えれば、敏子の感慨に近いものになるだろうか。ひたすら荒涼索漠というのでもなければ、胸躍るきらびやかな第二の人生が待っているのでもない。ただ、寂しさを埋める手だては自分で考えなくてはならないという覚悟が必要なだけだ。

男と女の深いミゾ

不能でも人肌は恋しい

ところで、敏子と塚本のたった一回の情事では、塚本はほとんど不能に近い状態だし、敏子の体もあまり濡れなかったことがちらりと暗示されている。年から考えても、それは妥当だろう。

それでもここで重要なのは、お互いに人肌を恋しく思って体を重ねたく思うという心の成り行きである。そして敏子にとっては、それがあまりうまくいかなかった行為であっても、はじめての経験として大きな心理的意味を持ったのだ。塚本もまた、性懲りもなく二人だけの性的な時間を過ごすことを求めている。

人間のエロス性には、いくつになってもそういうものを求める微妙なところがある。

谷崎潤一郎の『瘋癲《ふうてん》老人日記』もそうだし、先に挙げた小林照幸氏の『熟年性革命報告』にも、次のような話が出てくる。ぼけてほとんど体が動かず、寝たきりになっている老人が、女性看護師の体をさわるために手を伸ばそうとして、それが結果的にリハビリにつながったというのである。

これらのケースで、高齢の男女の、それぞれの心と体の関係というのはどうなっているのだろうか。男女のセクシュアリティの違いをやはりそのまま引きずるのだろうか。生理学的レベルで？　それとも心理学的レベルで？

このことを考えるには、まず男女のセクシュアリティの違いとは何かをとりあえず押さえておく必要があるだろう。ただし、ここでは、それがどこまで自然的で不変なもの（「セックス」）か、社会構築的で可変的なもの（「ジェンダー」）かというフェミニズム好みの議論には踏み込まない。

種撒く男と選ぶ女

私は、おおざっぱに言って、男女のセクシュアリティの違いでもっとも大事なポイントは次のようなところにあるとつねづね考えている。あくまで平均的な傾向性としてである。

行為や欲望のあり方としての男の性は、そのつど単発的な傾向が強く、したがって、その対象を心理的な意味であまり選ばない。魅力的な（どんなところに魅力を感じるかは人それぞれだが）異性のボディがそこにあれば、性欲を刺激され、相手かまわず行為に向かって突き進んでしまう。

言い換えると、男のセクシュアリティは、特定の他者を「愛する心」に結びつきにくいところがある。心と体が分裂していると言ってもよいし、性欲がまったく性欲として実存から自立してしまっていると言ってもよい。もっと下世話に言えば、男はどうしても「種撒《ま》く性」である。これを、女性との関係で男は不真面目であると倫理的に非難することもできる。

これに対して女のセクシュアリティは、欲望と特定の他者を「愛する心」との間に明瞭な分裂がなく、彼女の性欲は、だれかを好きになることにほどよく結びついている。それは、だれかに積極的に「愛」を感じることによって強く開かれる。だから複数の男に言い寄られた場合でも、簡単に誘惑されることなく逃げて平然としている。自分の気に染まない男の誘いにうかうかと乗ったりしない。

自分に性的魅力があることを多少とも自覚している女ならば、その魅力に磨きをかけて、いい男が現れるのを待っていればよい。あるいは、いかにいい男を誘い込むかに心を砕いていればよい。

女が男を求めるのは、純粋な性欲の処理に迫られてというよりは、愛されることを期待してのことである。女は男よりもよりはっきりと自分の好きな男を「選ぶ」。

つまり彼女の体と心は男ほど分裂していない。したがって、一見ふだんは性欲になど支配されていないように見えながら、いったんこれと思えば、男よりも強い性欲に促されることがある。これを男とは反対に、エロス関係において女は全身全霊をかけて真面目に振る舞うと見なすこともできる。

出会い系サイトでも同じ

以上の違いが、俗に「男と女の間には深くて暗い河がある」と言われるゆえんである。男のセクシュアリティのあり方は、特定の異性との関係の持続という点からは不利にはたらく。対して女は自分の愛の感情と性的な発情との間に矛盾をあまり感じていない。だから、男の求めに応じるにせよ、拒絶するにせよ、自信を持って男に接することができる。

これが、女が肉体的な行為としては受け身であっても、心理的な駆け引きでは、もっぱら優位に立って許諾権を握っている理由である。

売買春ではほとんどの場合、男から女に対価が支払われる。このことからも明らかなように、「させる」「体を許す」のは女である。よほどの例外を除いて、男が自分の「体を許す」とは言わない。

最近では、インターネットの普及で、出会い系サイトに自分から登録する女性が激増しているといわれている。しかしこうした現象をもって、いま述べてきたような男女の心理的なセクシュアリティの違いが希薄になったとか、なくなってしまったとか、逆転したなどということはできない。

というのも、個別の出会いを求めることにおいて、もともと女は男に優るとも劣らず真剣であり、かつては奥ゆかしさの規範が積極的な行動に出ることを抑えていただけのことだからである。何かが変わったとすれば、それは表層的な変化にすぎない。

個別の出会いがじっさいに実現したときには、そのつきあいの核心部分で、やはりいま述べてきたようなギャップを抱えながら両性の心理的な駆け引きが続くはずだ。登録している女がそうそうたやすくどんな男の手にも落ちるなどということはまずありえない。

ペニスをめぐる生理と心理

ハゲはよくてもインポは嫌

さて、こうした把握が妥当だとして、このギャップは、年老いても心理的なギャップとしてそのまま引き継がれるものだろうか。高齢者のエロス関係は、どんな様相に彩られるのだろうか。

このことをとらえるためには、生理的な老いが男と女にそれぞれどんな影響をもたらすかを考えてみなくてはならない。

男の生理的な老いを端的に示す例は、インポテンツである。

男にとってインポテンツは、女性が考えているよりもはるかに深刻な問題である。年とるにしたがって、例の五本指ではないが、男としての能力が意志に逆らって生理的に衰えてくることは否定しがたい。バイアグラがあれほど売れるのも男の切なさを示してあまりある。

しかしバイアグラ系の薬というものは、ある経験者の弁によると、生理的な持続をバックアップしてはくれるものの、どうやら心理的な高揚感まではそれほど保証してくれないらしい。

異性を求める心がないと効き目がないのだそうである。道具だけの一人歩きということか。

数年前、ある物書きと対談本を作った折り、彼が「ハゲ防止の強力な薬があるが、副作用としてインポになる可能性があるというのを読んだことがある。自分だったらハゲが進んでもよいからインポにはなりたくないので、その薬は飲まない」と言ったので、大笑いになったことがあった。性的な能力の有無は、男性の心理に大きな影を落とす。

どんなときにインポになるのか

一般に、男性の性的な能力というのは、意外とデリケートにできている。若くても何らかの心理的な抵抗感があるとすぐに不能になってしまうことがある。

性欲が強いときにはその能力もめっぽう強いが、何かの加減でその気がなくなると、ふいとダメになってしまう。性以外の気がかりでそうなることもあるし、性的なパートナーのふとした振る舞いやひとことでそうなることもある。心理的な関係のあり方が、能・不能のいかんを規定する部分が大きいのである（この点では、女性も同じであろう）。

それで、衰えかけてきた団塊の世代あたりの男性の「ヴィタ・セクスアリス」は微妙である。この年代を扱ったキンゼイ・レポートのようなものを寡聞にして知らないし、個人差が激しいから一概に言えないが、一般に考えられそうなことは、情熱をかき立てるような関係ならインポにはならないが、惰性化した関係や性的な興味の湧かない出会いでは、インポになってしまう確率が高いのではないかということだ。

バイアグラを手にしたら、奥さんから逃げ出してもっと若い愛人の元に走ってしまった六十代のアメリカ男性というのが、ずいぶん以前にテレビで放映されていた。ペニスをめぐる心身関係はしだいに気むずかしくなっていくのだ。

このほかに、その人の過去の経験の重みが、どんな人生観を抱かせているかということも大いに関係ありそうだ。たとえば鬱病は、性的不能を伴いやすいといわれている。関係への興味をなくしてしまうのが鬱状態であるとすれば、それもむべなるかなという気がする。いま、日本では中高年の鬱病が増えていると報じられているが、きっと、性生活の面でもお寒い状況が見られるにちがいない。

また、もっと生理的な衰えが進んでくれば、ちょうど水攻めの水位がしだいに上がってくるように、たとえその気があってもなかなか体が思うようにならなくなる。するとそれだけ男としての自分に自信が持てず、恋愛関係のプロセスに踏み込むことをためらうようになるかもしれない。生理と心理の一種の悪循環である。

ここらあたりの事情には、そもそも人間を単純に生理と心理に切り分けて論じることの不都合が表れている。

成熟どころかますます幼稚に

しかし、男の「異性を求める心」と性的な欲望とは分裂している部分もあるので、真剣な恋をする情熱のほうは限りなく無に近くなったとしても、若い女の尻をさわりたいといった感覚だけはなかなかなくならない。

『瘋癲老人日記』にはこうある。

……デモ生キテイル限リハ、異性ニ惹カレズニハイラレナイ。コノ気持ハ死ノ瞬間マデ続クト思ウ。九十ニナッテモ子ヲ産ンデミセルト云ウ久原房之助ノヨウナ精力ハナク、既ニ全ク無能力者デハアルガ、ダカラト云ッテイロイロノ変形的間接的方法デ性ノ魅力ヲ感ジルコトガ出来ル。現在ノ予ハソウ云ウ性慾的楽シミト食慾ノ楽シミトデ生キテイルヨウナモノダ。

たぶんこれが正確なところだろう。こうして、高齢男性の性は、なるべく若い女の体にさわりたいとか、それを覗きたいとか、ただ体を重ねてぬくもりをたしかめていたいとかいった、子どもの性的嗜好によく似たものになっていくのではないだろうか。

そういえば、川端康成の『眠れる美女』もそのあたりの感覚を表現していた。女性美を求める気持ちが純化していくと言えば聞こえはいいが、これは、面倒なかかわりは抜きにして、かなり自分勝手な性的関心に自己を限定していくということでもある。つまり、あまり相互に燃え合う恋の情熱とは関係がなさそうである。

男性は年を重ねるほど、性的には成熟どころか、ますます自分本位で幼稚になっていく危険があるのかもしれない。

「美」と「若さ」を失う悲劇

産まなかった女性の覚悟

対するに、女性の場合はどうなのだろうか。

男性の性的な老いにとってインポテンツが大きな意味を持つのに対して、女性の性的な老いにとって大きな意味を持つのは、閉経と容色の衰えであろう。この二つは、女としての老いの二大兆候である。

この二大兆候は、女性の心理をどのようなものにするのだろうか。なかなか複雑で、男である私にはよくわからない。ここでも、おそらくこうではないかという憶測を述べることにする。

まず閉経は、子どもを何人か産んで育ててきた女性にとっては、比較的自然なこととして受け入れられるだろう。閉経期以後も女性の性欲やエロス感情がなくならないことはたしかだから、更年期の心身の苦しささえ通り過ぎてしまえば、けっこうお荷物を降ろしたような自由感が伴うかもしれない。せいせいしたといった声もよく聞く。

これに対して、子どもを産まなかった女性には、単なる自由感に収束できない複雑な感慨がやってくることが予想される。

それは、ついに自分は母として生きることを選ばなかったかという、一種の諦めと、自分の人生全体に対するある覚悟のようなものとして訪れてくるのではないか。彼女は、大なり小なり、これでよかったのかという問いを自分に突きつけるだろう。しかし、それからあとは、人によりけりというしかない。

ある女性は、母親になれなかったことを悔いたり、母親として生きた人々に羨望の念を抱き続けるかもしれない。だが現代では、多くの場合、そういう感情にいつまでも拘泥《こうでい》する女性はあまりいないように思われる。それは仕方ない運命だったと考え、これからの自分を大切にして生きようという覚悟を固めるしかないからである。

閉経は自由をもたらすか

子どもを持てなかった寂しさを埋め合わせる方法はけっこうある。仕事や趣味に打ち込むこと、新しい人間関係のネットワークを作ったり、これまでの人間関係を大切にしようとすること、断念の上に立って自分の心身に磨きをかけること、など。女性はそういう生き方の知恵に無意識に長《た》けている人が多い。

ことに、ペットを飼うことは有力な手である。自分を待ってくれている弱い存在がいるということは、多くの女性に大きな癒し効果がある。代理満足といってしまえばそれまでだが、ペットは、少子化が進む現在、家族の一員として遇される傾向がますます強まっている。

私の知人夫婦で、永らく子どもが生まれず、もうこれから産み育てることは無理になってしまった人がいる。彼らは養子をもらうことを真剣に検討したが、やはり、どういう赤ちゃんがやってくるか不安が大きく、うまい親子関係が築けなかったときのことを心配して断念し、代わりに犬を飼うことにした。奥さんは、さっそくかなり入れ込んでいるようであった。

閉経は、それが女性に対して寂しさをもたらすにせよ、自由感を与えるにせよ、たぶんその人に、一個の「人生」全体という視野をくっきりと与える心理的効果を持つだろう。人間が限りある存在であることを強く自覚させる契機の意味を持つといってもよい。

もちろん人間の性愛生活は、生殖活動に直接結びついてはいない。したがって、閉経という生理的な事実にさほどの重きを置く必要はないと考えることもできる。ただ、それが女性としてのエロス生活や気分に何の影響も与えることのない単なる生物学的通過点にすぎないと断ずるほど、人間の精神は生理から自由ではない。

おそらく、妊娠の危険がなくなったことをこれ幸いと感じて「発展」する女性もいれば、「老い」の一つの重要な兆候としてそれを心理のうちに繰り込み、異性を求めることに慎重になってしまう女性もいるにちがいない。

「閉経なんか気にするな、女性ホルモンはなくならないし補充することもできるのだから、これからこそ自由に恋愛を楽しめ」といった一方的な景気づけをそのまま鵜呑みにはできないと思う。

なぜ女性は美しくありたいのか

他方、女性にとって、容色の衰えは、男性にとってのインポテンツと同じように、あるいはそれ以上に切実な問題である。

先に記述した男女のセクシュアリティの違いからして、女性は一般に、自分の身体に磨きをかけることに男とは比較にならないほど厖大な関心を込める。服装、化粧、宝飾、エステなどに費やされる努力と金銭の大きさがそのことを示してあまりある。

女性が美しくあろうとするのは、別に男性の気を引きたいからではなく、ただ自分のためにやっているのだといった言い分がある。だが私はこの種の言い方を半分くらいしか認めない。たとえ主観的にはそうであっても、セクシュアリティというのは客観的に抽出された一つの構造である。男集団と女集団との間にどう見ても関心の顕著な違いが見られるなら、それは、広い意味で、それぞれの性的な関心のあり方の差異であると見なすことができるのである。

なるほどファッションの美を追求する女性たちの意志や、それに応える産業のあり方は、一見、直接的な性的関心からは自立した文化を作っている。しかし、そういう男性文化との差異が歴然としていればいるほど、かえって、その事実は、根底において、女が異性との間でどういう関係のとり方をすれば幸福に結びつくかという関心と欲求に支配されていることを象徴しているのである。

このことは、容色の衰えが、個々の女性をどんな危機感や不安に陥らせるかを観察してみれば、よけいはっきりする。その兆候が見え始めたときの、女性たちの必死なあらがいぶりといったら！

このあらがい、不安、危機意識の理由を、女性をして本音で語らせてみよう。きっと、「それは、もう幸せになる機会がなくなってしまうかもしれないから」とか、「これまでの幸せが維持できなくなってしまうかもしれないから」という答えが返ってくるにちがいない。

最高の武器を失う恐怖

では、どうして美しさを保っていないと幸せになれない可能性が高いのか。

やはり異性との関係で、女として認めてもらえなくなってしまう恐怖感が第一に挙げられるだろう（自己満足できなくなってしまうことに対する恐怖というナルシスティックな理由も考えられるが、ナルシシズムは、その構造からしてもともと「他者」である異性の目を内在化したところに成り立つ）。

女性は、自分の気に入った男を誘い込む手段として、容色の美、みめうるわしさが何といっても最高の武器であることを本能的に知っている。それでなければ、あんなに努力するはずがない。

男だって美男であるに越したことはないし、女にもてようと思っておしゃれをする男はたくさんいる。しかし男は必ずしも自分の容色が女を引きつける最高の武器であるとは感じていない。

この差異を老いの問題に絡めると、老いを通して生じる容色の衰えという現象は、一般に女性にとって不利にはたらくことがわかる。

男は加齢によって容色が衰えても、逆に男性としての魅力を積み上げる可能性がより多く開かれている。うまくいけば「ロマンス・グレイ」とか「いぶし銀の魅力」とか言われて、経験の重みが、身体表現にポジティヴなかたちで表れやすいのである。

いや、女性がそもそも男性の身体性の内に、そうしたたぐいの精神的な魅力を感じ取ろうとする傾向があるのだ。

「シワが好き」は欺瞞的

こうして、女性が身体的な老いの兆候をあからさまに示し始めたとき、それは性愛生活上で悲劇を呼び込む可能性を男性よりも多く抱えている。ことに若いころきれいで男にもてはやされた経験を持つ女性ほど、この悲劇の幅は大きいと言えるだろう。

村上春樹氏の小説『ノルウェイの森』に、主人公の若い男「僕」が、かなり年長の女性と親しくなって、その女性のシワが好きだと発言する場面が出てくる。「僕」はそれまで、まったく性格の違う二人の若い女と深い関係になっているが、なにやら女に対して好みがはっきりせず、その身体性に対しては受動的で寛容な態度しか示さないイメージとして描かれている。

私は、この「シワが好きだ」という発言に触れたとき、「僕」の性的な寛容ぶりにではなく、そうした妙に物わかりのいいもてる青年を好んで描き出す作者村上氏に一種の欺瞞を感じた。

大切なのは見かけではなく心のありようだといったたぐいの通俗的な二元図式を、暗に裏返して提出しているような気がしたのである。

多くの反論が予想される。そういう好みがあったっていいじゃないか。性的嗜好は無限に多様だ。ことに最近は、何歳も年上の女性と結婚する男も多いし、森光子と東山紀之のような例さえある。「フケ専」という言葉もある云々。

もちろん、そういう多様性が存在する事実を否定する気は毛頭ない。それは、それぞれの男たちの好みであり個性だ。しかし多様性を過度に重んじると、結局何も言えなくなってしまう。ここで焦点を合わせるべきなのは、あくまで平均値に対してである。

主人公の「僕」はふつうの男だ。相手が若い女であるからこそ深い関係になっていたはずであり、それが物語の最後になって「シワが好きだ」では、どこかおかしくはないか。要するに「たらす」ためにそういうことを言っているにすぎないのではないか。

簡単な思考実験をやってみればわかることだ。

いまここに同年齢、同収入、社会的地位も同じくらい、顔立ち、体型も、それぞれふつう、性格も良好な一対の中高年男Aと中高年女Bがいるとして、どちらが異性により多く関心の的とされるだろうか。

両者の総合的な魅力が同じ程度だと仮定すれば、残念なことに、周囲の男性は女Bよりも若い女性に関心を惹《ひ》きつけられる傾向を強く示すだろう。周囲の女性は、男Aの年齢をさほど気にしないだろう。

相手にされないオヤジと相手にされないオバサンはどっちが多いか。まあ同じようなものか。数からしたら前者のほうが多いか。しかしここでやや大げさに「老いていく女の悲劇」と表現したのは、あくまで当の女性たちの内面心理をたどるかぎりでのことである。

というわけで、女性は一般に男性よりも、加齢による容色の衰えをより多く気にしなくてはならない。またそれが簡単な防御策によっては乗り越えがたいものであることを覚悟しなくてはならない。彼女はより美しくあろうとすることによって男性から「愛される」ことを望んでいるのだからである。

また、男とのこうした違いを、不当な差異として政治や社会運動的な文脈のなかに囲い込むのもどうかと思われる。まったき解放とか、完全な平等などというものは、机上の観念としてしかありえない。人は自由選択したのではない条件をそれぞれに引き受けて生きるほかないものだからである。

性交渉か、愛情か

「セックスしたい」と書いてはみたが

性愛関係で、女性がいくつになっても望んでいることは、性の快楽そのものではなく、性の快楽を通して「愛されている」と実感できることである。

アメリカの六十七歳の女性教師ジェーン・ジャスカが書いた『ふしだらかしら』（バジリコ）という全米ベストセラーがある。

本好きの彼女は、『ニューヨーク・レビュー・オブ・ブックス』という真面目な書評誌に、蛮勇を奮って「六十七歳になる来年三月までに、好みに合った男性とたくさんセックスをしたいのです。まずは会話からとおっしゃるのなら、話題はトロロープでいかが？」という広告を出す。トロロープとは、彼女のお気に入りの作家の名前である。

センセーショナルな広告に対して何十通もの反応があったなかで、彼女は愚弄《ぐろう》的なものや興味本位のものを除き、慎重に相手を選び出す。いざ、冒険へ。時には西海岸からニューヨークにまで飛んで、何人かの男性と交渉を持つ。老人もいれば、物好きな青年もいる。だが、なかなか思ったとおりにはいかない。

彼女は、はっきり「セックスをしたい」とドライに書いた。だが、結果的には苦い想い出や楽しい想い出が入り交じって心のなかに澱《おり》のようにたまり、はじめの割り切った文句を、自分自身の心が裏切ることになる。つまり、「セックス」と書いたものの、本当は心の渇きを癒してくれる相手がほしかったのである。

ジェーンは、早くに夫と離婚して、幼い子ども一人を母親一人でわき目もふらずに育ててきた。彼女の冒険は、それが終わったあとに開いた空白を埋めるための「魂萌え！」だった。

この女性は、一人になったときに自分の人生を振り返って、心貧しかった青春時代を取り戻そうとしたのだ。求めていたのは、「性」の快楽ではなく「愛」の癒しだった。

そこはアメリカ人らしく大胆かつ軽妙な筆致で書かれてはいるが、やっぱり女性らしさがよく出ていると私は感じた。年老いた女性は、ただの行為としての「セックス」を追求したつもりでも、じっさいに渇望していたのは、長続きする恋愛関係なのである。

『魂萌え！』の塚本は、二度目にはさっそく敏子をラブホテルに誘った。敏子はそれがあまりに自分の思惑と違うためにあわてて逃げ帰る。ここに、どうやら、いくつになっても男女の間には深い溝があることが象徴されているようである。

七十代が望む性的関係

四十代から七十代まで、およそ千人の男女（夫婦）を対象にセクシュアリティのあり方を調査した『カラダと気持ち　ミドル・シニア版』（三五館）によると、中高年層の性の意識に関して、男女の間にいくつかの顕著な違いが見られる。年齢層によって変化はあるものの、どの年齢層にも共通している点で重要なものをいくつか並べてみる。

①男性は、相手の性的欲求が自分より乏しすぎると感じている割合が高い。逆に女性は、相手の性的欲求が自分より強すぎていると感じている割合が高い。

②「気乗りのしないセックスがあるか」という問いに対して、男性は「ない」と答える割合が高い。逆に女性は「ある」と答える割合が高い。

③「望ましい性的関係は？」という問いに対して、男性は「性交渉を伴う愛情関係」と答える割合が高い。対して女性は「精神的な愛情やいたわりのみ」と答える割合が高い。

④さすがに六十五歳を超えると、男性でも前者が急減し、代わって後者の傾向が増してくるが、それでも七十代の男性で「性交渉」を重んじる割合は四人にひとりを占める。対して女性七十代で「性交渉」を重んじるのは、十人にひとりほどである。

⑤女性の場合、「精神的な愛情」のほうは、すでに五十五歳から急増して、全体の半分を占めるようになる。また七十歳を超えると、「その他」「無回答」が三割に達する。対して男性で「精神的な愛情」を第一に挙げるのは、六十五歳以上でも三割ほどである。

⑥離婚願望は女性のほうが男性よりもずっと高い。反対に、「配偶者以外の異性に惹かれることがあるか」という問いに対しては、男性のほうが女性よりもずっと高い。

⑤で、七十代女性の「その他」「無回答」の割合の高さは、その内実がわからないが、想像するに、「そんなことはもう考えない、どっちでもいい」という乾いた態度が多いのではないかと思われる。

老いるほどに開くギャップ

これらの顕著な違いから言えることは、やはり、男性は肉体的な欲求や交わりを重んじる傾向が強く、女性は心のつながりを求める傾向が強いということである。男性は、自分の性的な能力がもう効かないということを自覚してようやく、心のつながりを重視するようになってくるのだろう。

「いくつになっても男と女」という命題は、お互いに性的に求め合う(べき)ものだという認識を大前提としたところに立てられている。異性を求めることにおいて両者は同じだと考えられているのだ。

しかし、その内実に立ち入ってみれば、実態はそう単純ではないことがわかる。むしろ、両者の心理的なすれ違いがなくならないという意味で、「いくつになっても男と女」なのである。

このように考えてくると、やはりはじめにあった男と女のセクシュアリティの違いは、老いの過程に入っても、そのまま引き継がれるという結論が導き出せそうである。心理的なギャップは埋まらないどころか、ますます開いてしまうのかもしれない。一対一の性愛関係という厄介なものから撤退して、ほんとうに男女こだわりなく社交世界に生きることができるなら話は別だが。

団塊の世代が老いていくと、きっと性愛関係をめぐるいざこざが量的に目立つかたちで顕在化してくるだろう。そこには、当事者同士だけではなく、たとえば彼らの子ども世代との心理的・経済的な葛藤なども含まれるだろう。

枯れてもいいのに枯れきることができないという中途半端な長い年月が、滑稽かつ悲惨な悲喜劇をあちこちで生むのではないか。心すべきことなり。

少子高齢化は止められない

少子化は本当にまずいのか

ところで、少子化問題が盛んに論じられている。

二〇〇五年の十二月に、厚生労働省が人口動態の推計値を公表した。それによって、出生数が死亡数をはじめて下回り、早くも人口減少時代に突入したことが明らかとなった。また、国会でも、少子化対策に一兆円を超える規模の予算が盛り込まれたことに関して論戦が闘わされた。

言うまでもなく少子化問題は、高齢社会問題と表裏一体の関係にある。世の中がじいさんばあさんばかりになってしまっては、国家社会の活力が衰え、少ない若年層が、数多くの老人の生活を支えなくてはならなくなる。すわ一大事というわけで、国を揚げて「産めよ、殖やせよ」の政策方針が自明のように推進されることになった。

しかし私自身はこの問題にどう切り込んでいいか、正直なところ大いに戸惑っている。ほんとうに少子化・人口減社会の到来は、まずい現象なのか。つい先ごろまで、日本は国土が狭く資源に乏しく人口が多いので、なかなか豊かになれないと言われていたではないか。

世界全体の人口爆発による食糧危機、環境破壊との関係はどうなのか。

少子化・人口減社会の到来が仮にまずい現象であるとして、それは、何らかの政策によって避けられるような性格のものなのか。

政府が採っているさまざまな対策は、適切なものなのか。

たとえば政府は、男女共同参画社会の推進が、少子高齢化をくい止める効果があると決め込んでいるが、そこにはどんな論理的根拠があるのか。

このように次々と素朴な疑問が浮かんでくるのだ。

人口減少の影響が顕著に表れるという予測と判断は、数十年の時間的スケールを視野に入れれたうえでなされており、減少カーブ自体は何といっても緩やかなものだ。しかもこの長い時間的スケールの間には、日本社会および日本を取り巻く国際社会の住人たちによる、厖大で多様きわまる活動が、個々の人間たちの心理の複雑な錯綜のもとに進行するはずである。

そうしたおそるべき多元的なファクターが詰まっているというのに、分析や予測や判断をする私たちの言語のほうには、「これが原因でこういう結果になる」といった一次元的な因果論理の武器しか備わっていない。安直な予測・判断などできないはずである。無理にそれをやったら、占いと同じような観を呈するのではないか。

男女共同参画のカン違い

いま仮に少子高齢化と人口減少による逆ピラミッド構成こそが直近の困った問題であるとしよう。政府は政策実行をしなくてはならない立場だから、若年層の年金負担の不公平感や、経済規模の縮小、労働力の不足などにとりあえず問題を絞ってその対策を練ることになる。

現在、政府が考えている対策はおよそ次のようなものである。

高齢者の年金を削減して若年層の負担を軽くする。

未婚・晩婚化の趨勢をくい止めて出産を奨励するために、保育制度の充実や出産育児にかかわる援助金の捻出を図る。

男女共同参画をうたって女性の労働力率を高めようとする。

外国人労働者の積極的な雇用を検討する。

定年制を見直して高齢者の雇用を確保する、など。

これらの社会政策の方向性には、合理的あるいはやむをえないと考えられるものももちろんある。しかし、何だか個々の生活者にとってぴんとこないもの、こちら立てればあちら立たずになってしまうもの、因果がそうすっきりとは成り立たないと思えるものも含まれている。たとえば未婚・晩婚化阻止・出産奨励のために男女共同参画社会の推進を図る政策などはその最たるものである。

政府はすでに、厖大な税金を使ってこの政策を十年間にわたって行ってきたのに、一向に出生率の上昇効果は表れていない。

この点については、つとに社会学者の赤川学氏が、『子どもが減って何が悪いか!』（ちくま新書）という著書のなかでたいへん緻密《ちみつ》で説得力のある批判を行っている。仕事と育児の両立支援を骨子とする男女共同参画社会の推進は、少子化をくい止めるためにはむしろ逆効果ではないかというのである。

それはそうだ。一昔前には、専業主婦の勧め（「女性は家庭に帰れ」）が少子化対策として一部で叫ばれていた。このほうがまだ論理としては素直に納得できる（時代状況を考えると、そういう勧めには同意できないが）。経済条件さえ許すなら、母親に無理に働くことをさせず、ゆったりとした環境を提供するほうが、安心して育児に集中できるだろう。

女性も男性並みに働くことを促す男女共同参画政策が、どうして少子化をくい止めることになるのか、その結びつけの論理はまったく納得できない。いつの間にかこの無理な結びつけが政治の場で当然のように通るようになってしまった。社会的な男女差別をなくせというフェミニズムの主張と、少子化に対する大げさな危機感とが、混乱したまま結びついてしまったのであろう。

赤川氏はまた、この政策は、共働きで経済的に余裕があり、子どもをすでに持つことができている人たちだけを特権的に優遇するという意味で、公平な制度設計とは言えないという点も指摘している。男女共同参画政策そのものは男女差別をなくすために意味があるが、そのことと少子化対策とは切り離すべきだというのが彼の主張の要点である。傾聴に値する意見だと思う。

自由恋愛の当然の帰結

それはともかくとして、個々人の生活感覚にもとづいて、少し常識的に考えてみよう。

いまここに三十五歳で未婚のキャリア女性がいるとする。

彼女は自分にとって素敵な男性が現れれば、結婚したいし、その人との間に子どももうけたいと思っている。しかし、なかなかそういう人が現れないので、いわば機会待ちの状態にある。是が非でも結婚しようという強い意志はないものの、このまま一人で年老いていってしまうのかしらという不安も抱えている。

ちなみにこの想定は、この年頃の女性のマジョリティが持つ条件や心理として妥当なものだと私は考える。

さて彼女は、人口減社会の到来というマクロな情報を得たために、「そうか、政府が出産や育児の負担軽減の措置をそれだけとってくれるなら、私も早く相手を見つけて子どもを産もう」などと発想するだろうか。

私にはとてもそうは思えない。結婚や出産というエロス問題は、現在の社会では、あくまでも個別的な出会いと本人たちの心情という、きわめてプライベートな問題だからである。

そもそも未婚・晩婚化現象は、どうして起きてきたのだろうか。

大きな要因として、消極的なものと積極的なものとの二つを挙げることができる。

消極的な要因は、結婚するとこれまで手にしてきた経済的な豊かさや自由度が減ってしまうのではないかという個々の女性のためらいである（男性にもそれはあるだろう）。この要因は、山田昌弘氏が『パラサイト・シングルの時代』で指摘してきた点である。

また積極的な要因としては、自由恋愛が一般化して、結婚は恋愛を前提としてこそ行うものだという意識が当たり前になったことが考えられる。つまり女性は適齢期になったら結婚するものだといった、かつてのライフコースの規範が崩れたところに起きてきた側面が大きい。

いくら育児環境が整っていても、いまどき、好きでもない人と一緒になろうなどと考える男女がいるとはとうてい考えられない。

「好きだからこそ結婚する」というモチベーションの強さがかえって結婚相手に対する理想水準の高度化を生み出した。それが未婚・晩婚化をもたらしているのである。なまじ経済力もあるから、適当なところで手を打つ女性があまりいなくなってしまったわけだ。だから、よほどの玉の輿《こし》を提供してくれるのでもないかぎり、結婚へのインセンティヴは強まらないだろう。

ここに、政策と個々の生活者の意識との埋めがたいズレがある。

人口減少を前提に議論すべし

もっとも、「これが原因だから、ここをこうすればこうなる」という政策的な発想が、個々の生活者の意識になかなか食い込めないのが巨大な先進国家の宿命かもしれない。

だとすれば、いま必要なのは、マクロな趨勢と個々の生活者の意識との乖離をよく見つめることである。そして、そもそも人口減社会の到来が、だれにとって、どういう意味でまずいことなのか（それとも別にまずくないのか）という原点に立ち返った議論にこだわることである。

その場合、二つのことが要求される。

一つは、少子化をくい止めようと考えるのではなく、人口減少を避けられない趨勢であるという前提のもとで議論すること。

そしてもう一つは、「日本の人口が減ろうと増えようと知ったことではない。私は私で好きな生き方をしていく」といった個々人の感覚を繰り込んだうえでの議論をすること。

私自身は、マクロな観点から見た場合、少子高齢化社会の到来は、ややまずいのではないかと思っている。

年金問題にまつわる世代間の不公平感の蓄積や、大量の中高年層が労働市場を占有しているために若い世代に良好な雇用機会が与えられないといった問題が心配の種である。いま日本の若者は不思議なことに、世界に例を見ないほどおとなしいが、やがて鬱積が爆発して、社会不安の増大と治安の悪化をもたらすかもしれない。

また、経済規模の縮小も、今後の国際関係を視野に入れると問題である。特に不自然なほどその経済成長を驀進《ばくしん》させて貧富の格差、都市と農村の格差などの内部矛盾を抱え込んでいる隣国・中国との関係において眺めるとき、一定の不安材料となることは否めない。

しかし、繰り返すが、これらの心配を取り除こうとして、少子化を防ぐために男女共同参画を推進するというシナリオは、どう見ても飛躍があらわである。女性の労働力率が高まることが、どうして出生率の増加に結びつくのかがロジックとしてまったくわからない。

こんな没論理を持ち出すよりは、いかにして一人あたりの労働生産性を高めるか、どのような付加価値の高い産業分野を新たに開発するかという問題に知恵を絞ったほうが、はるかに意味のあることだと思える。

育児支援策のあまのじゃく効果

他方、ミクロな観点、つまり個人の生き方という観点からは、すでに見たとおり、結婚や出産にかかわる個人の意識と、働く女性に対する育児支援政策との間に、埋めがたいズレがある。

三十代の未婚女性の多くはいま、好きになれる男性とめぐり合いたいと思っているかもしれない。だが、お上から「産めよ、殖やせよ」などとそそのかされたとしても、そんな政策的な操作にうかうかと乗るほど、お国のことなど考えていはしない。自分の人生は自分でという個人主義的な意識が徹底しているからである。

それどころか、そういうことを言われると、むしろ反発意識を強めるというのが実相であるにちがいない。というのも、働きながら結婚して子どもを持つのが女性の生き方であるという有無を言わせない「理想型」を押しつけられると、そうすらすらとできない女性は、自分は負け組なのかという屈折した思いをかえって増幅させてしまうからである。

これを「あまのじゃく効果」というのだそうである。

先に閉経と容姿の衰えが女性にもたらす「老い」の意味について考えてみた。しかしじつは、閉経や容姿の衰えなどよりもずっと前に、三十代の未婚女性あるいは既婚でも子どもを産んでいない女性にとって、すでに「老い」の問題は、かなり早期に意識化されているのかもしれない。出産年齢の身体的な臨界点が近づいてくるという絶対的な事実を突きつけられているからである。

これは男性の側からはなかなか想像の及ばない領域である。でもたぶんそうであるにちがいない。

女性は、この出産の身体的な臨界期を意識することで、「老い」に対する焦りを男性よりも早く自覚せざるをえないのだ。これからどうやって人生を設計していくのかという問題は、比較的若い女性にとってこそ切実である。大部分の女性は、愛するに値する人に愛されることを人生最大の課題と考えているからである。

「産めよ、殖やせよ」の国策などに迎合する必要は少しもない。しかし、男性から愛されて結ばれることを重んじている女性が、個人の人生の充実のためにこそ、いたずらに老いて疲れきってしまわないうちに、早くいい人を見つけてほしいものだと私は思う。

平気で夫を見限る女たち

「遺棄」された男たち

しばらく前に、テレビのドキュメンタリーで、千葉県松戸の築四十五年を迎える団地に千五百人もの中高年男性が独居し、仕事もろくろくないまま毎日を呆然と過ごしている有様が放映されたことがある（NHKスペシャル『ひとり　団地の一室で』二〇〇五年九月放映）。

年齢層の中心は、四十代から六十代前半。家賃が安いので、吹き溜まりのように集まってきたものと思われる。失職し、妻や子どもたちにも逃げられてしまったのだろう。

要するに、一種の「遺棄」された男性群である。ホームレス寸前といっても過言ではない。

この男性群を何とかしようと古くからの住民が自治会を中心に、孤独死予防センターを設置し、いろいろなはたらきかけを行っている。興味深い（といっては不謹慎だが）のは、スタッフたちの年齢が、当の男性群よりも高く、七十代以上だということである。

ある男性は、家中をゴミの山にして足の踏み場もないようにしているので、お婆さんがゴミを片づけにやってくる。

別の男性は求職活動のためか生活保護や障害者年金の給付を受けるためかで公的機関を訪れ

るのに、わざわざお爺さんに付き添ってもらっている。

また別の男性は、ひきこもったきりで孤独死の心配があるので、新聞がたまっていたりすると、「何々さん、大丈夫ですか!」と年長世代の人たちに外からドアを叩かれる。

予防センターでは、彼らを社会に少しでも復帰させるための相談窓口を設置している。長く続いた不況という社会背景を考えれば、それ自体はさほど衝撃的な光景とは言えないかもしれない。昔なら、山谷や釜ヶ崎のような地区は全国の大都市にごろごろしていたし、ホームレスはいまでも山ほどいる。低所得階層が安価な賃貸住宅に集中したというのは、自然の成り行きとも言える。

五十、六十は「まだまだ若い」?

ただ、よくも悪しくも映像の力は強い。この番組がもたらしたインパクトは、大きく言って三つある。

一つは、一般に、現在の五十代から六十代の男性は、それよりも年長の世代に比べてかなりきつい目に遭っているのではないかという点だ。

年長の世代は、よく言われるように、終身雇用、年功序列の企業慣行にうまく乗り合わせて、かなりの退職金や年金を手にすることができた世代である。つまり彼らは、経済的な意味では、比較的うまく「老後」の設計を立てることが許されたのだ。

しかしリストラの波をもろにかぶった五十代から六十代は、一度その憂き目に遭うと、なかなか社会的な復帰が難しい局面に立たされている。団塊世代の人口の厚さも手伝ってか、思うような就職口が見つからない。福祉の恩恵にあずかろうとすれば、「あなたはまだまだ若いのだから自力で働き口を見つけて更生しなさい」と冷たい扱いを受けてしまう。

この事態は、まさに人生八十年時代になったからこそだと言える。本当に「まだまだ若い」のか？　体はけっこうガタがきているというのに。

もう一つは、「逆縁」ではないが、老人世代に中高年世代が「ケア」をしてもらっているという奇妙さだ。こういう現象は、かつてはあまり考えられなかったのではないか。そして、これからは、いくらでもこうしたことが見られるようになる可能性が高い。

たとえば、六十歳になって脳梗塞で倒れた息子の面倒を、八十五歳の母親がみる。失職したり妻に離縁されたりした五十五歳のオヤジが、落ち込んでひきこもり、そこそこ財産のある父親の世話になる。ぶらぶらして無為に過ごす不良中高年が増える。そんな光景があちこちで観察されるようになるかもしれない。

オヤジ三人の道連れ心中

さらにもう一つは、いわゆる「女子ども」が、さえないふつうの中高年男性をにべもなく見限る可能性である。いったい、この番組に現れた男性群の妻たちは、どこへ行ったというのだ⁉

もう何年も前の話になるが、事業に失敗した中小企業の社長が三人揃ってラブホテルで自殺した事件があった。いい年をしたオヤジが道連れ心中をしたという話は、それまであまり聞いたことがなかったので、けっこうショックだった。

私がそのとき考えたのは、経済的な困窮状態が心中死を招くという場合、もっと昔だったら家族単位で行われたのに、いまではそうならないのかということだった。

貧困からの親子心中や一家心中は、大正から昭和の初期にかけて隆盛した。戦後もけっこうあったようだが、高度成長以降は、ほとんど聞かなくなった。バブル崩壊以後の不景気の期間でも、経済的な困窮を理由に家族がまとまって心中するという事件はあまりみられなくなってしまった。

さて、このことがかなりの確度をもって言えるとして、ここには、中高年女性の家族意識の変化が読みとれないだろうか。熟年離婚が増えていることからも想像できるように、多くの女性は、甲斐性のない配偶者をわりあい簡単に見限るようになってきているのだと思われる。

熟年離婚の場合、女性が経済力を身につけたことが大きな要因の一つとなっているだろう。

しかし変化は経済的な側面にとどまらない。ここで注目したいのは、現実的な破綻にまで至らないケースである。中高年男性が仕事で失敗して困り果てたときに、それにどこまでも連れ添う気持ちが女性のなかで希薄になっている。たとえ離婚しなくても、女性は長年連れ添った配偶者を心理的にやすやすと見捨てていることが多いのではないか。

無意識の復讐

私と同年輩の知人（彼は仕事に失敗したわけではない）で、専業主婦の奥さんがバイオリン教室に通い、それが高じて、本場で修練を積むために教室ぐるみでウィーンに何カ月か滞在した人がいる。知人は、仕方なくそれを認めた。ところが、帰国してからも、それまで何となくあった夫婦間の距離は埋まらず、奥さんは、息子さん夫婦に孫ができたのをきっかけに、そちらの家に入り浸ってしまったという。知人は、自分たちの長い履歴はそんなに簡単に清算できるものなのかと悩んでいる。

先に挙げた、男同士で自殺してしまうというのはあくまで特異例だろう。しかし、中高年男性の自殺が増えている事実と、一家心中がみられなくなった事実とを突き合わせてみるとき、そこに、中高年女性が家族一体感を希薄化させているという傾向が浮かび上がってくる。

男が仕事がらみで死ぬか生きるかの瀬戸際に立たされても、いまどきの妻はどうも、「死ぬなら家族みんなで一緒に死のう」とか、「あなたがそんな窮地に立たされているなら私が何とか支えるからどうか死なないでちょうだい」などとは発想しないようである。

そんなこと、いまごろ気づいたの、とフェミニストの女性などからからかわれそうである。

しかし、女性の見限り意識は、男性の側の無意識の反転した鏡でもある。おそらく、家族メンバーの意識と無意識における個人主義的な傾向は、男女を問わず、もうずいぶん前から進んでいるのだ。その心理的な現実をまずお互いが認め合わないと、相手に対する期待感情は空を切ってしまうだろう。

それにしても夫を見捨てた中高年の妻たちはどこへ行ってしまったのか。

平均像として思い浮かぶ確からしい線は、別にその多くが男に走ったわけでもないし、夫と同じように自殺したりひきこもったり酒に溺れたり困り果てたりしているのでもないということである。

こんな例もある。

「『夫を置いて、私だけケアハウスに入りたい』『夫だけ入れたい』という人が増えてきた」

シニア事情に詳しい投稿誌「わいふ」副編集長の和田好子さん（76）はこう指摘する。

（中略）都内のケアハウスでは、二人用の個室がないため部屋が分かれたのに、「自分の部屋がもらえた」と妻が喜ぶケースもあった。

ある高級有料老人ホームの見学会では、驚くべき場面に出くわした。「介護度が重くなっても、介護専用の部屋に移さず、夫婦の個室で介護します」と施設側が介護体制の充実ぶりを説明したとき、夫婦で参加した見学者のうち妻の方が不満そうに言った。

「この人が寝たきりになっても、同じ部屋で暮らさなければいけないの？」

そして、近ごろ増えてきたのが「夫がホームに入りたくなければ、置いていく」という女性。和田さんよりもずっと若い世代だという。（産経新聞二〇〇六年五月一日付）

こうした女性の見限り意識は、女性という生き物の本質的な強さ、したたかさを表している。彼女たちは、夫と同居していてもしていなくても、何かを糧としてたくましく生きているのだ。

あるいは次のような解釈も成り立つ。

夫はこちらがいちばん振り向いてほしい時期に、仕事だつきあいだと言ってちっとも振り向いてくれなかった。いまごろすり寄ってこられても、こちらはもうそんな気になれない。どうぞご勝手になさいまし……。そんな積もる思いが無意識の復讐心となって現れているのかもしれない。

そう考えると、女性という生き物が、やはりちょっと怖い。

女の生活欲を見習うべし

五十代から六十代の男性の多くは、現実的にか心理的にか、その配偶者から見捨てられる。そして女性は男性よりも長生きする。おまけに晩婚社会になり、女性は一生の間で、パートナーなしで生きる期間がずいぶん長くなったことになる。

それでも女性は、別に悲鳴など上げない。同性同士の仲間作りがうまいし、日常のこまごましたことで自分を充足させる術《すべ》にも長けている。

一九九五年一月の阪神・淡路大震災のときにも仮設住宅での孤独死が問題となったが、三年後の時点で、孤独死した人のうち、四十代から六十代の男性が全体の半数以上を占めたという。そして、この世代の男性の少なくとも三割以上が、アルコール性肝疾患で死亡していると言われている（読売新聞大阪版一九九八年一月九日付）。

以上のような事実は、いずれも女性の強さを裏付けている。

女性は次世代を産み育てる性だから、生活欲において強くてしたたかなのは当然と言えばそれまでだ。また、こういう認識はこと改めて指摘するほどのことでもなく、昔から変わっていないのかもしれない。ただ、次世代を産み育てるという任務とかかわりがなくなった中高年、老年の場合でも、女性のほうが強くしたたかに生きていくという事実には注意しておく必要がある。

先に、女性は容色の衰えを気にしなくてはならないぶんだけ、その老いの過程で特有の悲劇性をはらむと書いた。しかし、性愛問題へのこだわりを超越することができさえすれば、女性は明らかに、男性よりも孤独に悩むことからは遠いのである。

そしてじっさい、先の『カラダと気持ち』の調査結果からもうかがえるとおり、中高年女性の離婚願望は強く、かつ、精神的な愛情やいたわりがないなら男性とつきあいを続ける必要性などないと感じているフシがある。つまり、女性は年を重ねれば、性愛問題へのこだわりを超越することができてしまうのである。

この違いは、年齢が進めば進むほど、顕著になるだろう。老いを迎える男性は、孤独に平気で耐えるこの女性のしたたかさ、あるいは孤独をうまく回避する生のテクニックを少し見習うべきかもしれない。

また同時に、自分が愛想を尽かされていないかどうか、ひそかにチェックする必要がある。

第四章　長生きなんかしたくはないが

老いてはじめて得られるもの

下り坂ゆえの自由

これまで、長い老いの過程を歩まなくてはならないことのマイナス面を強調してきたきらいがある。だが、老いていくことの利得、利点といったものはまるでないのだろうか。

じつのところ、私は来し方を反省してみて、自分の思春期や青年時代をとても恥ずかしく思っている。

ぎくしゃくしていて人との関係がうまくとれず、あがり性で人前で話すことも大の苦手だった。時に小心翼々としてつまらぬことを過大に問題にし、時には羽目を外して攻撃的になった。人の話をよく聞かずに、強引に自我を通そうともした。必要もないのに他人を傷つけたり、自分が傷ついたりすることが多かった。要は、自意識過剰で感受性の過敏をうまくセルフコントロールできなかったのである。

これは、ある種の青年一般に見られる傾向であろう。対人関係の距離を瞬時瞬時で適切に測定できない、いわば精神的な「どもり」のような状態である。

いいかげん馬齢を重ねると、さすがに物事にいちいちあわてることはなくなった。ひょっと身を引いて呼吸を整えるコツも少しはわかってくる。意識の切っ先はたしかに鈍ってきたが、その代わり、ここで特に自分を押し出さなくてもいいかなと思えるようになってきた。

ある意味では堕落であるが、同時に成熟でもある。核心部分は変わっていないが、のらりくらりとした処世術が、自分にもしょうことなく身についてきたのだ。

こうしたいまの自分を、私はかつてに比べて少しばかり自由になったと感じている。それは、どうあがいても自分はこんなものという、開き直ったところに生まれた自由である。

自分が未知の可能性のうちに投げ出されていればいるほど、かえってこの独特の自由感は得られない。人生が下り坂になって、残りの命数が視野に入ってくると、けっこう寛容でのびのびとした態度がとれるのである。

青年期の自由は行動の自由は行動の自由だが、熟年期の自由は態度の自由である。また、青年期の不自由は自意識の不自由だが、熟年期の不自由は能力の不自由である。

青年は、自分に対しても人に対しても非寛容である。しでかしたこと、言ってしまったことに関していつまでも罪悪感や羞恥心を抱いてこだわり続けるし、傷つけられたことをいつまでも許せない。

これに対して、年を重ねると、他人が自分の振る舞いをそんなに気にはしていないということがよくわかってくる。だから、恥をかいてもまあ高が知れたものとして自分を許せる。失礼なことをされても言われても、いずれ他人というのはそんなものと見なして、さほど傷つかなくなる。

無益な争いにも疲れてくるし、どんな争いが無益かに関しても、ある種の勘がつかめてくる。そうすると、他人との関係を円滑に回すことができる。いわば適度に恥知らずになるのだ。これは熟年の利得だろう。

円熟の境地か恥さらしか

問題なのは、熟年に達して得たこの利得を、これから体力も知力も衰えていく過程で、うまくキープできるかどうかである。円熟の境地といっても、「適度な恥知らず」は、ちょっとしたことで「ただの恥さらし」に転化しかねない。

ある役所の窓口に勤務する人から聞いたが、どうでもよい小さなことにこだわってしつこく文句をつけてくるのは、年輩者が圧倒的に多いそうである。彼らは「税金を納めている市民」を笠に着ているので、その言い分がいかに理不尽でも、公共サービスを提供する側は、言い争うわけにもいかず、ひたすら平身低頭するしかない。

考えてみると、精神の老化現象というのは不思議である。老いることで角が取れて人格が丸くなる人もいれば、逆にますますガンコジジイやイジワルババアになる人もいる。これはいったいどうしてなのだろうか。

脳生理学的には、変容する脳の特定部位が人によって違うということになるのだろう。しかしそれは、いわばガンコジジイやイジワルババアになるという外面的な表現の並行現象であって、原因とは言いがたい。

見逃すことができないのは、彼や彼女を取り巻く現実的、社会的な状況であろう。

熟年の利得をうまくキープするためには、単なる個人の心構えだけでは足りない。恵まれた健康状態、恵まれた人間関係、恵まれた経済状況、時間的な余裕、充実した毎日を過ごしているという実感、もともとの性格などが必要とされる。

これだけの条件をすべて備えた人というのは、どう見ても少数派であろう。何か一つ条件が欠ければ、熟年の利得はそのぶんだけ殺《そ》がれてしまう。

だからこそ、ただ長生きがめでたいなどとは言えないのである。右のような条件が満たされないかぎり、だれでも疎んじられるガンコジジイやイジワルババアになってしまう危険から逃れられない。私自身はそういう条件を確保できないなら、長生きなんかしたくない。

五十代から老いる練習を

老人はなぜガンコなのか

よく聞く話だが、要介護老人などが、直接世話をしてくれる嫁や娘などにはつらく当たり、たまたま見舞いに訪ねてきた身内の人には、とても嬉しそうにしてみせるという現象がある。世話をする人にとっては何とも理不尽な話である。このつらさに耐えている人々に幸いあれ。

しかし、これは考えてみると当然かもしれない。老人につきまとう身体の不如意や短期記憶の障害は、日常的な起居立ち居振る舞いのなかに現れる。だから、ふだん身近で直接的な立場にある人との関係を通して、凝り固まった頑固さや意地悪さが表現されやすいということになる。

老人は一般に、活力が衰え、記憶力も減退するから、社会的な人間関係を広げたり、これまでの関係を良好に維持し続けることが難しくなる。年賀状の数なども年々減ってくる。関係の範囲が狭まると同時に、それが当人の意識に反映して、孤独感を深めることになる。もちろん、そうならない元気老人もいるのだが、繰り返すように、それは条件に恵まれた人である。

また、したいこと、意欲、精神力といったものが、肉体の衰えの過程にそのまま寄り添って低下していくのなら、さほど問題ない。しかし人間というのは、いつも生理的な過程と意識との間にズレを持つ存在である。肉体が活発に動かないのに、意識だけは妙にはっきりしているということがありうる。

はっきりした意識を好ましい方向に差し向けるなら、これほどいいことはない。けれども「はっきりした意識」のなかには、理性ばかりでなく、感情のあり方が含まれている。いや、それが大きな部分を占めると言ってもいいだろう。

そのため、ままならなさの感覚をため込みやすい。諦めるということが簡単にはできないので、不満を募らせ、時には身近な人に当たり散らしたり、鬱的で気むずかしい気分に落ち込んでしまったりする。精神のエネルギーを好ましくない方向に費やしてしまうのだ。

感情ほど厄介なものはない。理性的な側面、公正な判断力や視野の広さ、洞察力などが衰えても、自分や他人に対するいらいら感だけは旺盛に残っているということがありうる。結局私たちは、年を重ねるごとに、ガンコジジイやイジワルババアになってしまう可能性からなかなか逃れられないのだ。

認知症という方便

現代の老人医学の枠組みによると、老人性の痴呆化は、アルツハイマー病、ピック病や、脳血管障害などと名づけられている。アルツハイマーでは、CTやMRIで検査すると、明らかに脳の縮小が観察される。

家庭医学事典などには、「病気そのものの進行を停止させることは難しく、結局は清潔を保ち、かぜをひかせないようにしたり、身体的な合併症に注意しながら、家族が保護と介助を行うことが重要です。家族に迷惑をかける言動も、本人は意識してやっているのではなく、病気がそうさせるのですから、寛容のある態度で保護と介助にあたるようにしましょう」などと書いてある。

しかし痴呆化は、そもそも「病気」なのだろうか。これは、老化に伴う、だれにとっても避けられない必然的な現象なのではないか。早くやってくるか、遅くやってくるかの違いだけであろう。

アルツハイマー的な老化を「病気」とするのは、それをあえて「病気」として理解することによって、本人の言動を倫理的に非難することを回避するための方便にすぎないように思える。私たちの社会では、およそ「病気」という診断がいったん下りさえすれば、本人は倫理的な意識を保持することから免除されるのが通例だからである。

現在、ぼけや痴呆化は「認知症」という立派な（？）病名で呼ばれる。では、それはどんな症状か。

たとえば、夜中の徘徊《はいかい》、「ここは本当の家ではないから家に帰る」などと言い張ること、食後間もないのに「飯はまだか」などと言い出すこと、遺産は誰々だけにやると主張して譲らないこと、世話に対して「気が利かない」などといちいち文句をつけること、金がなくなってしまうのではないかと神経症的に気にすること等々。

このような状態があまりに明瞭にみられるなら、むしろ事は簡単である。だが、人はある日突然「認知症」という病気になるわけではない。多かれ少なかれ、それは緩慢な過程を辿《たど》る。ここに難しい問題が現れる。

老化が進むと、人間関係の複雑な綾に配慮することができなくなり、臨機応変の対応感覚も鈍ってくる。そして単純化した感情に凝り固まってしまうと、いくら説得しても優しくしても、それを覆すことは不可能になる。だからといって本人をただ「病気」と決めつけることも叶わない。

始末に悪い「ぼけはじめ」

これは痴呆化の初期段階・中期段階においてことに著しいのではないかと思う。完全にぼけてしまえば、周囲は本人を赤ちゃんや病人のように扱うことができる。しかしそれまでは、本人の「正常」と「ぼけ」との中間状態の表現に対して、周囲はどっちつかずの態度を続ける以外ない。「正常人」に対するのか「病人」に対するのか、それがはっきりしない。ことが精神にかかわることだけに、そこになかなか口では言えない特有のきつさが生じてくる。

老化の兆候が表れたとき、周囲の人にとって始末に悪いのは、むしろ意識がしっかりしていて、ある前提のもとではそれなりに筋の通った言い分に固執するような場合であろう。一種のパラノイア的な傾向である。前提そのものがおかしいのだが、その前提の根拠は本人の感情や気分にあるから、感情や気分が変わらないかぎり、筋の通った言い分がその感情や気分に利用される。

家族のように親密な関係では、かえってその親密さのために、本人が示し始めたそうした兆候を明確に「病気」として突き放してとらえることが難しい。

けだし摩擦や葛藤というものは、当事者同士がまともな人格の持ち主であることを互いに認め合っているからこそ生じるので、それは、大人としての倫理感が共通了解となっているという前提のもとでのみ成立する（私たちは、赤ちゃんや犬猫に対しては、心理的な摩擦や葛藤を経験しない）。

進行していく老化現象がだれの目にも明らかなように一定の限度を超えたとき、周囲の人々は、それを「病気」として解釈し直すことによって、ようやくそれにふさわしい態度や対処方法を採ることができるようになるのである。

これは、長期にわたるひきこもりとか、精神病などについても同様に当てはまる。本人ばかりでなく周囲の家族も、本人がもはや「病気」の過程に突入していることをなかなか認めたがらない。

またじっさい、いつからその過程に突入しているのかが見えにくい。プロセスはグラデーションをなしている。周囲の人は、ある日突然「病気」という切断線を入れてこれまでの態度や対処法をがらりと変えるわけにもいかないのである。

もし育児語で話しかけられたら

こうして、脳卒中やくも膜下出血などのような突発的な事態が生じないかぎり、「老化」は、日常生活の連続性のなかで徐々に進行する。

だから、老いていく側の身としては、昨日よりも今日、今日よりも明日、一歩一歩「ぼけ」に向かっていくのだということを前もってしっかりと自覚しておく必要がある。いつまでも自分は若いのだなどと思い込んでいると、周囲のまなざしとのズレが知らぬ間に大きくなって、いらぬ心理的な葛藤を引き起こすもとになる。

比較行動学者の正高信男氏は、『老いはこうしてつくられる』（中公新書）で、老いをめぐる数々の興味深い実験結果や調査結果を紹介している。そのなかに、高齢者が育児語で話しかけられて不快かどうかをアンケート調査したものがある。

育児語とは、単なる語彙《ごい》としての幼児語や、相手を幼児扱いする言葉だけではなく、養育者が幼い子の育児をするときに、大人に対するときに比べて声の調子を高めたり、ゆっくりになったり、抑揚を大きくしたりする対応の仕方全体を指している。いうまでもなく、高齢者に育児語で話しかける人は、それだけその高齢者を老人扱いしていることになる。

正高氏は、この調査によって相当数の高齢者が育児語に対して不快感を抱いているという結論を得た後、今度は、その不快度と、高齢者自身が自分をどの程度老いていると感じるかについての評価点との相関を調べてみた。すると、顕著な負の相関性がみられたという。つまり、自分を老いていないと感じている高齢者ほど、育児語に対する不快度が高いということである。

これはまあ、当然の結果かもしれない。

正高氏は、この著書では、周囲の老人扱いが当人の心をよけいに老け込ませることになるので、周囲がそれを慎むべきだという立場をとっている。だれも好きこのんで老人扱いされたいと思うはずはないから、それもまた適切な判断と言えるだろう。高齢者を扱う側への戒めとしては正高氏の指摘は的を射ている。

他人の判断は正確

しかし、私はこの種の事態を少し違ったふうにとらえる。老いていく本人の心構えがどうあるべきかという逆の角度から見るのである。

もし高齢者の自己意識が、年齢不相応に若い気でいて、周囲のまなざしとの間で極端なギャップを生んでいるのだとしたらどうだろうか。このギャップが周囲にもたらす弊害はかなり大きい可能性がある。

私は、自分自身が老いの過程に入りつつある者として、ただ本人の不快感を尊重するよりも、周囲がどう見なしているかというほうを少しばかり尊重したい気がする。

育児語で話されることは、いくつになってもたしかに愉快なことではない。

しかし周囲の「見なし」は、育児語ばかりではない。これをあの人に任せられるかとか、こんな話をしてもよいものだろうかとか、どんなふうに切り出そうかとかといった迷いが生じるとき、人はいつも相手の身体が示す総合的な雰囲気やこれまでのつきあいからくる経験知をもとに判断している。

その場合、見込み違いもたくさん生じるだろう。しかし、複数の人の直感的な感知というものは、全体としては、けっこう本人の自己評価よりも正確であることが多いのではないか。

もちろん、「老人には席を譲りましょう」とか、「老人は弱者だから、弱者に接するように優しくしましょう」といったマニュアル的な命題を鵜呑みにして、杓子定規に「あの人は老人」

と決めつけると、さまざまな不都合が起きてくる。リハビリをやらせてみれば自立が可能なのに「寝たきり」扱いをしていると、ほんとうに寝たきりになってしまう事実などは、そのいちばんわかりやすい例である。

だが身体感覚をとぎすませて、相手の総合的な雰囲気をできるだけ繊細に感じ取るように心がければ、その人がどれくらい老いているかいないかは、かなり正しく判断できるはずだ。

そして、こういう他者の判断というものは、時として本人の自意識よりも当を得ていることが多いのである。自分の顔は自分には見えず、相手にしか見えないからである。

私が言いたいのは、老いてきた本人にとって、さまざまな相手の判断や対応の態度を軽視してはならないということに尽きる。育児語で話しかけられたからといって「人を子ども扱いするとはけしからん」という自己肯定感だけで突っ走ることは慎まなくてはならない。

このように観念するとき、私たちは、自分の問題として、老いていく過程をまずあるがままに受けとめる必要がある。妙に気張ってみせることは、はた迷惑になりかねない。

「追放」という宿命

先に、「病気」は倫理的な配慮から本人を免除すると書いたが、この免除は、「解放」であると同時に社会関係からの「追放」でもある。老いが「病気」状態に近づけば近づくほど、社会関係からある程度追放されることは避けがたい。

この追放を宿命として引き受ける覚悟が必要だ。いつまでも若さの幻想にすがりついたり、「老人の生きる権利」を声高に主張することばかりが、我ら老人候補生の生き方ではない。

そこで、一定年齢以上になったら、次のようなことを心がけるべきである。

①周囲の人々が自分について言うことをよく聞く。
②相手の反応を見ながら自分の年齢段階と肉体の状態、精神の状態とを絶えず推し量る。
③肉体と精神との無理なズレを引き起こさないようにする。
④自分にできることとできないこととをよく見きわめる。
⑤「年寄りの冷や水」「老いの木登り」をなるべく避ける。
⑥自分が周りからどう遇されているかについての自覚を怠らない。

しかし、周囲の人々が自分をどう見ているか、自分が周囲にどう映っているかということをよく自覚できるのにもまた、ある年齢制限があるだろう。心の老化が進んで鋭敏な嗅覚が鈍化すれば、そういう自覚そのものが不可能になる。

それを避けるためには、やはり老いを意識し始めたころ、五十代後半くらいから、対人感覚が鈍磨しないように修練を積んでおく必要がある。

いつまでも若くあろうとひたすら心がけるのではなく、「老いて後は子に従え」「若者に道を譲れ」を、ほんとうに老いてしまう前からゆっくりと実践するのだ。やみくもな老化防止に汲々とせず、身体の衰えをそれとして受容して、精神をその衰えの過程になだらかに合わせていく。

コツや秘訣というほどのことではないが、それが、うまく老いていくための適切な道だと私は思う。

「自然体がよい」とよく言われる。自然体はたしかに理想だが、じつは人間は、自分をその時々の自然体に近づけることがもっとも難しい生き物なのだということをよくよく自らに噛んで含めておくべきである。

「自立した個人」から降りる

こんなふうに老いたい

格別長生きなんかしたくない。でも多くの人は長生きしてしまう。そのとき私たちはどんなふうに生きればよいのだろうか。

私がほんの時たま訪れる一風変わった飲み屋がある。

横浜の中心街からちょっとはずれた路地裏にあり、まったくのしもた屋の風情で、のれんも看板も出していない。しかし知る人ぞ知る、いつも常連客で混み合っている。カウンターに腰掛け数席と和室に小さな縁台を四つほど置いただけの狭くて渋い雰囲気の店である。

若いころ、八十代と思われる名物お爺さんが経営していて、土瓶で熱燗の日本酒をコップいっぱいに注ぎ、三杯まで飲ませてくれた。酒の肴もコースとして四品と決まっていて、それ以外のメニューはないが、その肴がじつに日本酒とよく合っていてうまい。

この店は、五時に開店して九時にはかんぬきを指して新しい客をシャットアウトしてしまう。客の酔い具合が度を過ごしていると、追加注文しても、「もうそれくらいにしておいたほうがいいんじゃないですか」と諫《いさ》めて、お代わりを注いでくれない。だから騒ぐ酔漢などは皆無で、みんな静かに酒と会話を楽しんでいる。

お爺さんはほどなく亡くなったが、彼の生前から一緒に働いていた二人の娘さんが跡を継いだ。

はじめて行ったときからもう三十年以上は経っていると思うが、娘さんたちは、この店の運営の仕方を忠実に守っている。何年経っても雰囲気が変わっていないのである。

娘さんといっても、彼女たち自身が少なくとももう七十代後半から八十くらいにはなっているだろう。

お姉さん（？）のほうは、腰が曲がっているのか、狭い厨房の片隅で、カウンターから姿が隠れてしまうほど背中を丸めて黙々と菜を切ったり皿を洗ったりしている。

妹さん（？）は社交的で、よく客と話を交えている。そして一段高くなった和室の客に酒を注ぎにまわるために、「最近では足腰が弱ってきたので、柱につかまらないと上がれなくて情けない」と笑いながらこぼしている。

お孫さんだろうか、親類筋の人だろうか、若い娘《こ》が一人、時には二人手伝っている。大きな猫が片隅で悠々と寝そべっている。何とも懐かしい店である。

この店は、土、日、月曜日は休みである。週四日、定刻どおりに働き、同じサービスを淡々と繰り返している。

私はこの店を訪れるたび、お婆さんたちの跡を継いでくれる人はいるのだろうか、ぜひいてほしいと、余計なことを考える。

この老姉妹の日常の過ごし方を見ていると、体にガタがきながらも、無理のない範囲で接客商売を続けている、そのたたずまいが何とも好もしく思えるのである。

別に空元気を出しているわけでもなければ、人様の世話にはならないと気張っているわけでもないだろう。現に働く場があり、飽きもせず、苦にもせず、これ以上の野望があるはずもなく、そのことが、客との間にえもいわれぬなごやかな調和を作り出している。

年老いたら、こういう生き方は幸せかもしれないなあと思う。というよりも、何となく美しいと感じる。つまり、この老姉妹は、その年齢にふさわしく適度に働くことを通して客に喜ばれている。

「世間」につながって生きる

先に、日本人は、ヨコのつながりである「世間」を心の安定軸としていると書いた。そして、それは、一概に否定すべきでない文化的特長をそなえたあり方でもあると。

いわゆる「自立した個人」によって構成される近代市民社会という像は、利害を調整して社会秩序を保ってゆくために編み出された、抽象度の高い一種のフィクションである。そこでは理性的に振る舞う（べき）個人という単位が論理的な前提とされている。だから、情緒的なつながりというあり方は、あらかじめ視野の外におかれる。

だが、庶民の世界でじっさいに機能しているのは、馴染みという情緒的関係によって作られた無数の小さなつながりであり、それを通じた日常のなかでの共感の世界、つまりは「世間」である。

一つ一つは小さなつながりかもしれないが、この情緒的なつながりが全体として持つ大きな文化的意味を軽視することはできない。ことに高齢になればなるほど、その意義は増してくると言えるだろう。

さしずめこの老姉妹などは、馴染み客に「いい店だなあ」と喜ばれることによって、「世間」との間によい接点を保っているのである。

職人にせよ、サラリーマンの嘱託《しょくたく》にせよ、小売店にせよ、職種こそ違え、これに類する生き方をしている高齢者は、けっこう多いのではないかと思う。毎日の慣習の力がそれを支える。

ここで慣習の力とは、少し堅苦しく言えば、仕事を供給する側とそれを受ける側、またともに仕事をする仲間同士の人倫的な関係を尊重する精神である。

この人倫的な関係を尊重する精神がそのまま「世間」なるものの情緒的な土台となっている。そしてそのかぎり、高齢者にとって、個と社会との曖昧な中間領域に位置する「世間」というあり方も捨てたものではない。そこには、競争と利害のぶつかり合いとしての「市民社会」には見られない、相互依存の関係が保存されているからだ。

齢《よわい》を重ねて人生を半ば降りざるをえなくなってくればくるほど、「自立した理性的な個人によって構成される市民社会」というような像は、それぞれの人の内面のなかで、その輪郭をぼやけさせていくにちがいない。そのとき私たちの空白を埋めるものは、可能な範囲ではたらきかけを行うことのできる、そしてそのはたらきかけからよい反応が返ってくるような、情緒を核とした小さなつながりであろう。

長生きしてしまうことが避けられないなら、そうした小さなつながりを大切にしたいものである。老いて後の成熟ということがありうるとしたら、こうしたつながりの隠れた意義がよく身に沁みてわかるということをおいてほかにはない。

あとがき

老いや死に対する振る舞い方、考え方は、たいてい二極化して表現される。

一つは、「いつまでも元気で若さを失わず」というかけ声に代表されるような表向きの対処法で、これが主流をなしている。

もう一つは、「メメント・モリ（死を思え）」という言葉に象徴されるように、「悟り」の境地を促す立場で、こちらはなにやら哲学的で崇高なイメージをまとっているだけに、ほんとうに同調できる人は少数派に属する。

この本では、前者の立場に対する私自身の違和感をあちこちで表明しているが、かといって、後者の立場を積極的に押し出しているというのでもない。どっちつかずと評されれば、そのとおりと応えるしかないが、私にもそれなりの言い分はある。

ものごとはよろず、そう単純には割り切れないのだ。「悟り」の境地など、なれと言われてなれるものではない。「悟り」をきわめつつ日常を生きるとは、具体的にはどういう態度なのか、私にはすっきりとはわからない。近しい関係をすべて絶って世捨て人として独り山にこもるのでもなければ、そんなことは不可能なはずだ。

潔く自裁するのでもないかぎり、現世への執着は先細りになりながらも続いていく。また人は人倫的な間柄において生きる存在だから、必ずしもひとりぎめの美学に則って自裁することがよいことだとも言えない。「四十に足らぬほどにて」と書きつけた兼好も、結局は七十近くまで生きてしまったではないか。

だらだらと老い、だんだんに死んでいく。それがある年齢に達したふつうの人のふつうの生き方というものであろう。このあり方をそのまま認めるしかないというのが、私の立場と言えば立場で、その点ではこの本の基本スタンスはブレてはいないと思う。それが時には、「無理に気負わず老いを素直に受け入れてはどうか」という提言となったり、時には「人はそう簡単に死ねるものじゃない」という認識の表現になったりしているのである。

「ガンとの壮絶な闘い」などというテーマの本をよく見かけるが、私はあの手の大げさなコンセプトが嫌いなのである。ふつうの高齢者は、末期ガン宣告を受けても別に「壮絶な闘い」なんかしてないし、しなくてもいいって。

読者諸兄。どこかへ力強くいざなうことのない凡庸な結論で、面白くなかったかもしれません。でも現実って、そういうものでしょう？

幻冬舎の小木田順子さんから、「老い」を迎えた筆者自身がこの問題についてどう考えるかを展開してほしいとのお申し出を受けたのは、一年近く前だったたと思う。この間、彼女は精力的に資料を提供してくださり、また、じつに的確で緻密な指示を与えてくださった。この本が少しでも読むに値するものになっているとすれば、彼女の名編集者ぶりによるところがきわめて大きい。この場を借りて、深く敬意と感謝の意を表したい。

二〇〇六年九月

小浜逸郎

＊なお本文でも触れましたが、私は「人間学アカデミー」という連続講座を主宰しています。興味のある方は以下のＵＲＬにアクセスしてください。
http://www.ittsy.net/academy/

著者略歴

小浜逸郎《こはまいつお》

一九四七年、横浜市生まれ。横浜国立大学工学部卒業。批評家。国士舘大学客員教授。教育、家族、ジェンダー、仕事、倫理など、現代人の生の課題を正面から問い続け、幅広い批評活動を展開。二〇〇一年より連続講座「人間学アカデミー」を主宰する。

『方法としての子ども』(ポット出版)、『「責任」はだれにあるのか』『「弱者」とはだれか』(以上、PHP新書)、『なぜ人を殺してはいけないのか』(洋泉社新書y)など著書多数。

幻冬舎新書 6

死にたくないが、生きたくもない。

二〇〇六年十一月三十日 第一刷発行
二〇一五年 十 月三十日 第二刷発行

著者 小浜逸郎
発行人 見城 徹
編集人 志儀保博

発行所 株式会社 幻冬舎
〒一五一-〇〇五一 東京都渋谷区千駄ヶ谷四-九-七
電話 〇三-五四一一-六二一一(編集)
〇三-五四一一-六二二二(営業)
振替 〇〇一二〇-八-七六七六四三

ブックデザイン 鈴木成一デザイン室
印刷・製本所 中央精版印刷株式会社

検印廃止

Printed in Japan ISBN4-344-98005-0 C0295
こ-1-1

幻冬舎ホームページアドレス http://www.gentosha.co.jp/
*この本に関するご意見・ご感想をメールでお寄せいただく場合は、comment@gentosha.co.jpまで。

幻冬舎新書

浅羽通明

右翼と左翼

右翼も左翼もない時代。だが、依然「右―左」のレッテルは貼られる。右とは何か？　左とは？　その定義、世界史的誕生から日本の「右―左」の特殊性、現代の問題点までを解明した画期的な一冊。

久坂部羊

大学病院のウラは墓場
医学部が患者を殺す

医者は、自分が病気になっても大学病院にだけは入りたくない――なぜ医療の最高峰・大学病院は事故を繰り返し、患者の期待に応えないのか。これが、その驚くべき実態、医師たちのホンネだ！

橘　玲

マネーロンダリング入門
国際金融詐欺からテロ資金まで

マネーロンダリングとは、裏金やテロ資金を複数の金融機関を使って隠匿する行為をいう。カシオ詐欺事件、五菱会事件、ライブドア事件などの具体例を挙げ、初心者にマネロンの現場が体験できるように案内。

手嶋龍一　佐藤優

インテリジェンス　武器なき戦争

精査・分析しぬかれた一級の情報《インテリジェンス》が、国家の存亡を左右する。インテリジェンスの明らかな欠如で弱腰外交ぶりが顕著な日本に、はたして復活はあるのか。二人の気鋭の論客が知の応酬を繰り広げる。